27.4.2011

Lieber Arnold,

vielen Dank für die gute Zusammenarbeit und die vielen wertvollen Gespräche.

Ich wünsche Dir für Deine Zukunft das Beste

LG
Gerd Heiss

Monika und Harald Mörtenhummer
Zitate im Management

Monika und Harald
Mörtenhummer

Zitate im Management

Bibliografische Information der Deutschen Bibliothek
Die Deutsche Bibliothek verzeichnet diese Publikation in der Deutschen Nationalbibliografie; detaillierte bibliografische Daten sind im Internet über http://dnb.ddb.de abrufbar.

Das Werk ist urheberrechtlich geschützt. Alle Rechte, insbesondere die Rechte der Verbreitung, der Vervielfältigung, der Übersetzung, des Nachdrucks und der Wiedergabe auf fotomechanischem oder ähnlichem Wege, durch Fotokopie, Mikrofilm oder andere elektronische Verfahren sowie der Speicherung in Datenverarbeitungsanlagen, bleiben, auch bei nur auszugsweiser Verwertung, dem Verlag vorbehalten.

ISBN 978-3-7093-0274-3

Es wird darauf verwiesen, dass alle Angaben in diesem Buch trotz sorgfältiger Bearbeitung ohne Gewähr erfolgen und eine Haftung der Autoren, Herausgeber oder des Verlages ausgeschlossen ist.

Umschlag: buero8

© LINDE VERLAG WIEN Ges.m.b.H., Wien 2009
1210 Wien, Scheydgasse 24, Tel.: 0043/1/24 630
www.lindeverlag.at

Druck: Hans Jentzsch & Co. GmbH.
1210 Wien, Scheydgasse 31

Themenverzeichnis

Vorwort	7
Change Management	9
Eröffnungen und Kick-off	41
Feste und Veranstaltungen	55
Führung und Macht	71
Jubiläum, Lob und Anerkennung	105
Kampf und Sieg	119
Klassiker	135
Lernen und Erkennen	153
Motivation und Erfahrung	173
Presse und Öffentlichkeit	187
Qualität und Verbesserung	197
Strategie und Vision	209
Trauer und Abschied	229
Eigene Sammlung und Notizen	237
Autorenübersicht	243
Stichwortregister	257

So ein paar gelehrte Zitate zieren den ganzen Menschen.
> HEINRICH HEINE
> (1797–1856)

Vorwort

In der Sammlung „Zitate im Management" wurde bewusst auf das bloße Anhäufen von Stichwort-Zitaten verzichtet. Vielmehr ging es uns darum, aus dem riesigen Fundus internationaler Zitate eine Sammlung für den professionellen Einsatz in der Managementpraxis zusammenzustellen.

Einige Zitate haben lyrischen Ursprung. Schwer verständliche Lyrikstellen wurden in Prosa umgewandelt.

In der Praxis stellt sich auch öfter heraus, dass man zwar das eine oder andere klassische Zitat kennt, aber sowohl die genaue Satzstellung als auch die Autorendaten nicht mehr geläufig sind. Daher war es uns wichtig, nicht nur eine fundierte Sammlung zu erstellen, sondern auch ein „Nachschlagewerk" für bekannte und wichtige Klassik-Zitate. Viel Freude mit Ihrer Sammlung und viele neue Erkenntnisse wünschen Ihnen

MONIKA UND HARALD
MÖRTENHUMMER

Change Management

Sobald entschieden ist, dass etwas gemacht werden kann und soll, werden wir auch einen Weg dazu finden.
>   ABRAHAM LINCOLN
>   1809–1865 16. US-Präsident

Die Nöte der Zeit werden euch lehren, was zu tun ist.
>   ADOLF KOLPING
>   1813–1865 dt. Theologe (Kolpingwerk)

Was dir heute nutzt, das kann dir morgen schaden, darum denke nach, bevor du handelst.
>   AESOP
>   um 600 v. Chr., gr. Dichter

Die Angst vor dem Tod ist eine unbestreitbare Tatsache. Aber ebenso unbestreitbar ist, dass diese Angst – und mag sie noch so groß sein – noch nie stark genug war, um die Leidenschaft der Menschen einzudämmen.
>   ALBERT CAMUS
>   1913–1960 frz. Philosoph und
>   Schriftsteller, Nobelpreisträger

Die Probleme dieser Welt können nicht mit den gleichen Denkweisen gelöst werden, mit denen sie erzeugt wurden.
>   ALBERT EINSTEIN
>   1879–1955 dt. Physiker, Nobelpreisträger

Inmitten der Schwierigkeiten liegt die Möglichkeit.
>   ALBERT EINSTEIN
>   1879–1955 dt. Physiker, Nobelpreisträger

Es ist gar viel leichter, ein Ding zu tadeln
als selbst zu erfinden. ALBRECHT DÜRER
1471–1528 dt. Maler

Wer hohe Türme bauen will,
muss lange beim Fundament verweilen.
ANTON BRUCKNER
1824–1896 österr. Komponist

Nichts ist im Verstand, was nicht zuvor in der Wahrnehmung
wäre. ARAB. SPRICHWORT

Plausible Unmöglichkeiten sollten unplausiblen
Möglichkeiten vorgezogen werden.
ARISTOTELES
384–322 v. Chr., griech. Philosoph

Zur Wahrscheinlichkeit gehört auch,
dass das Unwahrscheinliche eintreten kann.
ARISTOTELES
384–322 v. Chr., griech. Philosoph

Auch das Zufälligste ist nur ein auf entfernterem Wege
herangekommenes Notwendiges.
ARTHUR SCHOPENHAUER
1788–1860 dt. Philosoph

Bei gleicher Umgebung lebt doch jeder in einer
anderen Welt. ARTHUR SCHOPENHAUER
1788–1860 dt. Philosoph

Der Wechsel allein ist das Beständige.
　　　　　　　　　　ARTHUR SCHOPENHAUER
　　　　　　　　　　1788–1860 dt. Philosoph

Kein Geld ist vorteilhafter angebracht als das, um welches wir uns haben prellen lassen; denn wir haben dafür unmittelbar Klugheit eingehandelt.
　　　　　　　　　　ARTHUR SCHOPENHAUER
　　　　　　　　　　1788–1860 dt. Philosoph

Phantasie muss grenzenlos sein dürfen. Denn gezähmt wäre sie keine Phantasie. AUGUST EVERDING
　　　　　　　　　　1928–1999 dt. Regisseur

Wenn man hinterher ganz andere als die gewohnten Antworten haben will, darf man nicht auf die gewohnte Weise fragen. BERND SCHMID
　　　　　　　　　　*1946 dt. Unternehmensberater

Ich habe viel Mühe, ich bereite meinen nächsten Irrtum vor.
　　　　　　　　　　BERTOLT BRECHT
　　　　　　　　　　1898–1956 dt. Schriftsteller

Ich sehe das Neue nahen, es ist das Alte.
　　　　　　　　　　BERTOLT BRECHT
　　　　　　　　　　1898–1956 dt. Schriftsteller

Wenn die Wunde nicht mehr wehtut, schmerzt die Narbe.
　　　　　　　　　　BERTOLT BRECHT
　　　　　　　　　　1898–1956 dt. Schriftsteller

Wer A sagt, der muss nicht B sagen.
Er kann auch erkennen, dass A falsch war.

> BERTOLT BRECHT
> 1898–1956 dt. Schriftsteller

Die größte Gefahr für unser Geschäft ist, dass ein Tüftler irgendetwas erfindet, was die Regeln in unserer Branche vollkommen verändert – genauso, wie Michael und ich es getan haben.

> BILL GATES
> *1955 US-Unternehmer,
> Gründer von Microsoft

Es ist gut, Erfolge zu feiern, aber es ist wichtiger, die Lektionen des Misserfolges zu beachten.

> BILL GATES
> *1955 US-Unternehmer,
> Gründer von Microsoft

Es ist sehr wichtig, dass wir nicht dort einen halben Schritt nach vorn machen, wo es gilt, zwei bis drei Schritte zu machen.

> BORIS N. JELZIN
> 1931–2007 russ. Politiker,
> ehem. Staatspräsident

Auch eine schwere Tür hat nur einen kleinen Schlüssel nötig.

> CHARLES DICKENS
> 1812–1870 engl. Schriftsteller

Wenn der Wind des Wandels weht, bauen die einen Schutzmauern, die anderen bauen Windmühlen.

> CHIN. SPRICHWORT

Wer einem Mann einen Fisch gibt, gibt ihm zu essen für
einen Tag. Wer ihn zu fischen lehrt, gibt ihm zu essen ein
Leben lang. CHIN. SPRICHWORT

Zuerst verwirren sich die Worte, dann verwirren sich die Begriffe, und schließlich verwirren sich die Sachen.
CHIN. SPRICHWORT

Es gehört oft mehr Mut dazu, seine Meinung zu ändern
als ihr treu zu bleiben. CHRISTIAN FRIEDRICH HEBBEL
1813–1863 dt. Dichter

Alles ist richtig, was wir von jetzt ab tun, sofern wir nur
darauf vertrauen. CHRISTIAN MORGENSTERN
1871–1914 dt. Schriftsteller

Jede Schöpfung ist ein Wagnis.
CHRISTIAN MORGENSTERN
1871–1914 dt. Schriftsteller

Der eine wartet, dass die Zeit sich wandelt, der andere
packt sie an und handelt. DANTE ALIGHIERI
1265–1321 ital. Dichter und Philosoph

Geringfügige Chancen sind schon oft der Beginn
großer Unternehmungen geworden.
DEMOSTHENES
384–322 v. Chr., griech. Redner

Ein Problem ist halb gelöst, wenn es klar formuliert ist.
DORIS DAY
*1924 US-Schauspielerin, Sängerin

Geld und Werkzeuge sind kein Ersatz für Gehirn und
Willensstärke. Dwight D. Eisenhower
1890–1969 34. US-Präsident,
Oberbefehlshaber Alliierte Streitkräfte

Nur der erste Schritt macht Schwierigkeiten.
Edward Gibbon
1737–1794 engl. Schriftsteller

Es sind nicht die Ereignisse, die uns beunruhigen,
sondern unsere Vorstellung davon.
Epiktet
50–138 griech. Philosoph

Nicht Tatsachen, sondern Meinungen über Tatsachen bestimmen das Zusammenleben.
Epiktet
50–138 griech. Philosoph

Ruin und Wiederaufbau liegen dicht beieinander.
Epiktet
50–138 griech. Philosoph

Wir sollten alles gleichermaßen vorsichtig wie auch
zuversichtlich angehen. Epiktet
50–138 griech. Philosoph

Suchst du Licht, so findest du Licht.
Ernst Moritz Arndt
1769–1860 dt. Theologe

Nichts ist schrecklich, was notwendig ist.
EURIPIDES
480–406 v. Chr., gr. Dichter

Auch ist es besser, Gefahren auf halbem Wege entgegenzugehen, wenn sie nicht näher kommen, als zu lange auf ihr Herankommen zu warten; denn wenn jemand zu lange wacht, kann man darauf wetten, dass er einschläft.
SIR FRANCIS BACON
1561–1626 engl. Philosoph, Lordkanzler

Wer neue Heilmittel scheut, muss alte Übel erdulden.
SIR FRANCIS BACON
1561–1626 engl. Philosoph, Lordkanzler

Man kann niemanden überholen, wenn man in seine Fußstapfen tritt.
FRANÇOIS TRUFFAUT
1932–1984 frz. Regisseur

Ohne Abweichung von der Norm ist Fortschritt nicht möglich.
FRANK ZAPPA
1940–1993 US-Musiker, Komponist

Die haben mich überzeugt. Nun gehen sie raus und üben Druck auf mich aus.
FRANKLIN DELANO ROOSEVELT
1882–1945 32. US-Präsident

Im Leben gibt es etwas Schlimmeres als keinen Erfolg zu haben: Das ist, nichts unternommen zu haben.

FRANKLIN DELANO ROOSEVELT
1882–1945 32. US-Präsident

Eine frohe Hoffnung ist mehr wert als zehn trockene Wirklichkeiten.

FRANZ GRILLPARZER
1791–1872 österr. Dichter und Schriftsteller

Verbringe die Zeit nicht mit der Suche nach einem Hindernis, vielleicht ist keins da.

FRANZ KAFKA
1883–1924 deutschsprachiger Schriftsteller

Gegen die Nacht können wir nicht ankämpfen, aber wir können ein Licht anzünden.

FRANZ VON ASSISI
1182 – 1226 ital. Heiliger, Günder des Franziskanerordens

Begegne dem, was auf dich zukommt, nicht mit Angst, sondern mit Hoffnung.

FRANZ VON SALES
1567–1622 ital. Heiliger, Gründer des Ordens der Salesianerinnen, Bischof von Genf

Wer glaubt, über der Situation zu stehen, steht in Wirklichkeit nur daneben.

FRIEDERIKE BEUTELROCK
1889–1958 dt. Autorin

**Viele sind hartnäckig in Bezug auf den einmal
eingeschlagenen Weg, wenige in Bezug auf das Ziel.**
FRIEDRICH NIETZSCHE
1844–1900 dt. Philosoph

**Füge dich der Zeit, erfülle deinen Platz und räum ihn auch
getrost; es fehlt nicht an Ersatz.**
FRIEDRICH RÜCKERT
1788–1866 dt. Dichter

Nach Neuem verlangt jeder kommende Tag.
FRIEDRICH VON BODENSTEDT
1819–1892 dt. Schriftsteller

In Gefahr und höchster Not bringt der Mittelweg den Tod.
FRIEDRICH VON LOGAU
1604–1655 schles. Dichter

**Selbst sich überwinden, ist der allerschwerste Krieg.
Sich selber überwinden, ist der allerschönste Sieg.**
FRIEDRICH VON LOGAU
1604–1655 schles. Dichter

**Das Alte stürzt, es ändert sich die Zeit,
und neues Leben blüht aus den Ruinen.**
FRIEDRICH VON SCHILLER
1759–1805 dt. Dichter, Dramatiker

**So selten kommt der Augenblick im Leben, der wahrhaft
wichtig und groß ist.** FRIEDRICH VON SCHILLER
1759–1805 dt. Dichter, Dramatiker

Was ist die Mehrheit? Mehrheit ist der Unsinn! Verstand ist stets bei wenigen nur gewesen.

FRIEDRICH VON SCHILLER
1759–1805 dt. Dichter, Dramatiker

Man hört nur die Fragen, auf welche man imstande ist, eine Antwort zu geben. FRIEDRICH NIETZSCHE
1844–1900 dt. Philosoph

Man ist am meisten in Gefahr, überfahren zu werden, wenn man eben einem Wagen ausgewichen ist.

FRIEDRICH NIETZSCHE
1844–1900 dt. Philosoph

Man muss die Gerüste wegnehmen, wenn das Haus gebaut ist.

FRIEDRICH NIETZSCHE
1844–1900 dt. Philosoph

Wenn du lange in einen Abgrund blickst, blickt der Abgrund auch in dich hinein.

FRIEDRICH NIETZSCHE
1844–1900 dt. Philosoph

Wer ein „Warum" hat, dem ist kein „Wie" zu schwer.

FRIEDRICH NIETZSCHE
1844–1900 dt. Philosoph

Der vernünftige Mensch passt sich der Welt an.
Der unvernünftige Mensch besteht darauf, dass sich
die Welt nach ihm zu richten hat. Deshalb hängt
jeder Fortschritt von dem unvernünftigen Menschen ab.
>GEORGE BERNARD SHAW
1856–1950 ir. Dramatiker

Die goldene Regel lautet, dass es keine goldene Regel gibt.
>GEORGE BERNARD SHAW
1856–1950 ir. Dramatiker

Tradition ist eine Laterne, der Dumme hält sich an ihr fest, dem Klugen leuchtet sie den Weg.
>GEORGE BERNARD SHAW
1856–1950 ir. Dramatiker

Der Kunde ist flexibel, er hat sich bereits der neuen Lage angepasst. Die Unternehmen im Markt schauen ihm verwundert nach und kämpfen gegen ihre eigene Unbeweglichkeit.
>GERTRUD HÖHLER
dt. Managementberaterin, Publizistin

Krisen sind buchstäblich die Chance, sich wirkungsvoll und kompromisslos von der Vergangenheit abzukoppeln.
>GERTRUD HÖHLER
dt. Managementberaterin, Publizistin

Der Mensch ist bereit, für jede Idee zu sterben, vorausgesetzt, dass ihm die Idee nicht ganz klar ist.
>GILBERT KEITH CHESTERTON
1874–1936 engl. Schriftsteller

Es ist nicht so, dass sie die Lösung nicht sehen. Es ist so, dass sie das Problem nicht sehen.
GILBERT KEITH CHESTERTON
1874–1936 engl. Schriftsteller

Das Neue wird immer im Schmerz geboren.
GRAHAM GREENE
1904–1991 engl. Schriftsteller

Aus Niederlagen lernt man leicht. Schwieriger ist es, aus Siegen zu lernen.
GUSTAV STRESEMANN
1878–1929 dt. Politiker, Reichskanzler

Wenn es ein Erfolgsgeheimnis für Innovation gibt, dann liegt es in der unnachgiebigen Überprüfung der Frage: „Was ist das Beste?" Es liegt im Zusammenspiel von Gegensätzen, von Angebot und Nachfrage, von hell und dunkel, von Nachtigall und Lerche, von Bulle und Bär.
HANS BLANK
*1933 dt. Unternehmensberater,
Manager Thyssen AG

Die Straße des geringsten Widerstandes ist nur am Anfang asphaltiert.
HANS KASPAR
1916–1990 dt. Schriftsteller

Ein kühnes Beginnen ist halbes Gewinnen.
HEINRICH HEINE
1797–1856 dt. Dichter

Erfolg besteht darin, dass man genau die Fähigkeit hat, die im Moment gefragt ist.
>Henry Ford
>1863–1947 US-Industrieller,
>Gründer von Ford

Ich prüfe jedes Angebot. Es könnte das Angebot meines Lebens sein.
>Henry Ford
>1863–1947 US-Industrieller,
>Gründer von Ford

Misserfolg ist lediglich eine Gelegenheit, mit neuen Ansichten noch einmal anzufangen.
>Henry Ford
>1863–1947 US-Industrieller,
>Gründer von Ford

Suche nicht nach Fehlern, suche nach Lösungen.
>Henry Ford
>1863–1947 US-Industrieller,
>Gründer von Ford

Es ist derselbe Weg, der nach oben und nach unten führt.
>Heraklit von Ephesus
>um 530– 480 v. Chr., griech. Philosoph

In dieselben Flüsse steigen wir hinab und nicht hinab. Wir sind es und sind es nicht, denn in denselben Strom vermag man nicht zweimal zu steigen.
>Heraklit von Ephesus
>um 530– 480 v. Chr., griech. Philosoph

Nichts ist so beständig wie der Wechsel.
HERAKLIT VON EPHESUS
um 530– 480 v. Chr., griech. Philosoph

**Gegner bedürfen einander oft mehr als Freunde,
denn ohne Wind gehen keine Mühlen.**
HERMANN HESSE
1877–1962 dt. Schriftsteller

Wer zur Quelle will, muss gegen den Strom schwimmen.
HERMANN HESSE
1877–1962 dt. Schriftsteller

Zum zehnten Mal wiederholt, wird es gefallen.
HORAZ
65–8 v. Chr., röm. Dichter

**Ich kann die Bewegung der Himmelskörper berechnen,
aber nicht das Verhalten der Menschen.**
SIR ISAAC NEWTON
1643–1727 engl. Physiker

Fehler sind das Tor zu neuen Entdeckungen.
JAMES JOYCE
1882–1941 ir. Schriftsteller

**Man lasse das Alte sinken oder stehen,
es folgt seiner Natur und wird nicht neu.
Man baue Neues, was alt zu werden verdient.**
JOHANN BERNHARD BASEDOW
1724–1790 dt. Reformpädagoge,
Philosoph

Handeln, das ist es, wozu wir da sind.
JOHANN GOTTLIEB FICHTE
1762–1814 dt. Philosoph

Jedes Schreckbild verschwindet, wenn man es fest ins Auge fasst.
JOHANN GOTTLIEB FICHTE
1762–1814 dt. Philosoph

Die Ideen entzünden einander wie die elektrischen Funken.
JOHANN JAKOB ENGEL
1741–1802 dt. Philosoph

Auch aus Steinen, die dir in den Weg gelegt werden, kannst du etwas Schönes bauen.
JOHANN WOLFGANG VON GOETHE
1742–1832 dt. Schriftsteller

Der Mensch erkennt nur das an und preiset nur das, was er selber zu machen fähig ist.
JOHANN WOLFGANG VON GOETHE
1742–1832 dt. Schriftsteller

Er hat sich nie des Wahren beflissen, im Widerspruch fand er's; nun glaubt er alles besser zu wissen, und weiß es nur anders.
JOHANN WOLFGANG VON GOETHE
1742–1832 dt. Schriftsteller

Habe den Mut, deinen Ehrgeiz und deine Träume zu erfüllen: Denn Mut ist stark genug, Wunder zu bewirken.
JOHANN WOLFGANG VON GOETHE
1742–1832 dt. Schriftsteller

Jede große Idee, sobald sie in Erscheinung tritt,
wirkt tyrannisch. JOHANN WOLFGANG VON GOETHE
1742–1832 dt. Schriftsteller

Wer sichere Schritte tun will, muss sie langsam tun.
JOHANN WOLFGANG VON GOETHE
1742–1832 dt. Schriftsteller

Das Wort Krise setzt sich im Chinesischen aus zwei
Schriftzeichen zusammen. Das eine bedeutet Gefahr und
das andere Gelegenheit. JOHN FITZGERALD KENNEDY
1917–1963 35. US-Präsident

Große Krisen haben große Männer und mutige Taten
hervorgebracht. JOHN FITZGERALD KENNEDY
1917–1963 35. US-Präsident

Wandel ist das Gesetz des Lebens. Und die, die nur
auf die Vergangenheit oder Gegenwart blicken, verpassen
bestimmt die Zukunft. JOHN FITZGERALD KENNEDY
1917–1963 35. US-Präsident

Langfristig sind wir alle tot.
JOHN MAYNARD KEYNES
1883–1946 engl. Ökonom

Wir werden unsere Großfirmen in immer kleinere Einheiten
unterteilen müssen, in mehr unternehmerische Einheiten.
JOHN NAISBITT
*1930 US-Prognostiker

**Entweder du machst dich zu einem Instrument des Wandels
– oder du wirst von ihm überrollt.**
JOHN SCULLEY
*1939 US-Manager,
Chairman Apple Computer a.D.

**Wir werden permanent mit einer Reihe von großartigen
Chancen konfrontiert, die leider alle phantastisch gut als
unlösbare Probleme getarnt sind.**
JOHN W. GARDNER
1912–2002 US-Staatsmann

Ich bin neuer Dinge erwartungsvoll.
GAIUS JULIUS CÄSAR
100–44 v. Chr., röm. Feldherr

**Einer neuen Wahrheit ist nichts schädlicher als ein alter
Irrtum.**
KARL JASPERS
1883–1969 dt. Psychiater und Philosoph

**Alle Revolutionen haben bisher nur eines bewiesen,
nämlich, dass sich vieles ändern lässt,
bloß nicht die Menschen.**
KARL MARX
1818–1883 dt. Philosoph

**Nicht das Beginnen wird belohnt, sondern einzig und allein
das Durchhalten.**
KATHARINA VON SIENA
1347–1380 ital. Mystikerin und
Kirchenlehrerin

**Wartet nicht auf die Zeit,
denn die Zeit wartet nicht auf euch.**
>   KATHARINA VON SIENA
>   1347–1380 ital. Mystikerin und
>   Kirchenlehrerin

**Es ist besser, ein Licht zu entzünden als die Dunkelheit
zu verfluchen.** KONFUZIUS
>   551–479 v. Chr., chin. Philosoph

**Wenn über das Grundsätzliche keine Einigkeit besteht,
ist es sinnlos, miteinander Pläne zu machen.**
>   KONFUZIUS
>   551–479 v. Chr., chin. Philosoph

**Wir leben alle unter dem gleichen Himmel,
aber wir haben nicht alle den gleichen Horizont.**
>   KONRAD ADENAUER
>   1876–1967 erster dt. Bundeskanzler

**Wenn jemand lernen oder sich verändern will,
dann muss er den Ruhezustand verlassen.**
>   KURT LEWIN
>   1890–1947 US-Sozialpsychologe

Eine tausend Meilen weite Reise beginnt vor deinen Füßen.
>   LAOTSE
>   um 300 v. Chr., chin. Philosoph

Wer kein Ziel hat, kann auch keines erreichen.
>   LAOTSE
>   um 300 v. Chr., chin. Philosoph

Sinnbild des Fortschritts ist, dass eines das andere vertreibt.
Leonardo da Vinci
1452–1519 ital. Maler, Bildhauer, Universalgenie

Veränderungen begünstigen nur den, der darauf vorbereitet ist.
Louis Pasteur
1822–1895 frz. Chemiker, Mikrobiologe

Der Mut hat mehr Mittel gegen das Unglück als die Vernunft.
Luc de Clapiers
Marquis de Vauvenargues
1715–1747 frz. Philosoph

Wo die Natur nicht will, ist die Arbeit umsonst.
Lucius Annaeus Seneca
4 v. Chr.–65 n. Chr., röm. Philosoph, Staatsmann

In einem wankenden Schiff fällt um, wer stillsteht und sich nicht bewegt.
Ludwig Börne
1786–1838 dt. Schriftsteller

Nur unterdrückte Worte sind gefährlich.
Ludwig Börne
1786–1838 dt. Schriftsteller

Menschen mit einer neuen Idee gelten so lange als Spinner, bis sich die Sache durchgesetzt hat.
Mark Twain
1835–1910 US-Schriftsteller

Nachdem wir das Ziel völlig aus den Augen verloren hatten, verdoppelten wir unsere Anstrengungen.
MARK TWAIN
1835–1910 US-Schriftsteller

Die wahre Entdeckungsreise besteht nicht darin, dass man neue Landschaften sucht, sondern dass man mit neuen Augen sieht. MARCEL PROUST
1871–1922 frz. Schriftsteller

Wir empfangen die Weisheit nicht, wir müssen sie für uns selbst entdecken im Verlaufe einer Reise, die niemand für uns unternehmen oder uns ersparen kann.
MARCEL PROUST
1871–1922 frz. Schrifsteller

Die Skizze sagt uns oft mehr als das ausgeführte Kunstwerk, weil sie uns zum Mitarbeiter macht.
MARIE VON EBNER-ESCHENBACH
1830–1916 österr. Schriftstellerin

Für das Können gibt es nur einen Beweis: das Tun.
MARIE VON EBNER-ESCHENBACH
1830–1916 österr. Schriftstellerin

Zwischen Können und Tun liegt ein großes Meer und auf seinem Grunde gar oft die gescheiterte Willenskraft.
MARIE VON EBNER-ESCHENBACH
1830–1916 österr. Schriftstellerin

In Zeiten raschen Wandels können Erfahrungen dein schlimmster Feind sein. MARTIN LUTHER KING JR.
1929–1968 US-Geistlicher, Bürgerrechtler

Eine zweitklassige Idee, die Begeisterung erzeugt, kommt weiter als eine erstklassige Idee, die niemand ausspricht.
MARY KAY ASH
1918–2001 US-Unternehmerin,
Gründerin von Mary Kay Cosmetics

Die Wahrheit triumphiert nie, ihre Gegner sterben nur aus.
MAX PLANCK
1858–1947 dt. Physiker, Nobelpreisträger

Wir selbst sind die Ursache aller unserer Hindernisse.
MEISTER ECKHART
1260–1327 dt. Provinzial der Dominikaner

Das Wort „unmöglich" gibt es nur im Wörterbuch von Narren. NAPOLEON BONAPARTE
1769–1821 frz. Kaiser, Feldherr

Nur was zu Ende gedacht ist, bringt auch ein Ergebnis.
NAPOLEON BONAPARTE
1769–1821 frz. Kaiser, Feldherr

Wer von Anfang an schon sicher weiß, wohin sein Weg führen wird, wird es nicht sehr weit bringen.
NAPOLEON BONAPARTE
1769–1821 frz. Kaiser, Feldherr

Wohin wir auch blicken auf dieser Welt, überall entwickeln sich Chancen aus Problemen.
NELSON A. ROCKEFELLER
1908–1979 US-Vizepräsident,
Öl-Unternehmer

Aus keiner Gefahr rettet man sich ohne Gefahr.
NICCOLÓ MACHIAVELLI
1469–1527 ital. Politiker

Da, wo der Wille groß ist, können die Schwierigkeiten nicht groß sein.
NICCOLÓ MACHIAVELLI
1469–1527 ital. Politiker

Die Welt ist in zwei Klassen geteilt, in diejenigen, welche das Unglaubliche glauben, und diejenigen, welche das Unwahrscheinliche tun.
OSCAR WILDE
1854–1900 ir. Schriftsteller

Immer auf dem Sprunge stehen, das nenne ich Leben. Von Sicherheit eingewiegt werden bedeutet sicheren Tod.
OSCAR WILDE
1854–1900 ir. Schriftsteller

Es ist erlaubt, sich vom Feind belehren zu lassen.
OVID
43 v. Chr. –17 n. Chr., röm. Dichter

Nichts ist mächtiger als die Gewohnheit.
OVID
43 v. Chr. –17 n. Chr., röm. Dichter

Oft weckt Not Talent.
OVID
43 v. Chr.–17 n. Chr., röm. Dichter

Wenn es nur eine Wahrheit gäbe, könnte man nicht hunderte Bilder über dasselbe Thema malen.
PABLO PICASSO
1881–1973 span. Maler, Bildhauer

Versuch's und übertreib's einmal, gleich ist die Welt von dir entzückt. Das Grenzenlose heißt genial, wär's auch nur grenzenlos verrückt.
PAUL JOHANN LUDWIG VON HEYSE
1830–1914 dt. Schriftsteller,
Nobelpreisträger

Die Lage ist hoffnungslos, aber nicht ernst.
PAUL WATZLAWICK
1921–2007 österr. Psychotherapeut,
Autor

Nur eines macht sein Traumziel unerreichbar: die Angst vor dem Versagen.
PAULO COELHO
*1947 bras. Schriftsteller

Unsere Verpflichtung ist, so zu handeln, dass wir dahinter stehen können, weil etwas unsere Aufgabe ist. Die Erfahrung anderer kann uns als Wegweiser dienen, aber auf den Weg machen wir uns allein.
PETER BLOCK
US-Unternehmensberater, Autor

Ich kenne keinen sicheren Weg zum Erfolg,
aber einen sicheren Weg zum Misserfolg: es allen Recht
machen zu wollen. PLATO
    427–347 v. Chr., griech. Philosoph

Jede Revolution war zuerst ein Gedanke im Kopf
eines Menschen. RALPH WALDO EMERSON
    1803–1882 US-Philosoph

Es ist unmöglich Staub wegzublasen,
ohne dass jemand pustet.
    REINHARD K. SPRENGER
    *1953 dt. Unternehmensberater, Autor,
    Visionär

Jede Erfahrung engt ein. Die Macht der Gewohnheit ist der
härteste Klebstoff der Welt.
    REINHARD K. SPRENGER
    *1953 dt. Unternehmensberater, Autor,
    Visionär

Nichts steht dem Verfall näher als hohe Blüte.
    REINHARD K. SPRENGER
    *1953 dt. Unternehmensberater, Autor,
    Visionär

Nichts, was bleiben soll, kommt schnell.
    REINHARD K. SPRENGER
    *1953 dt. Unternehmensberater, Autor,
    Visionär

Ein Unternehmer ist kein Unternehmer,
sondern ein Verwalter, wenn er nicht den Mut hat,
Fehler zu machen.
              REINHARD MOHN
              *1921 dt. Unternehmer,
              Stifter (Bertelsmann)

Alles, was lediglich wahrscheinlich ist,
ist wahrscheinlich falsch.
              RENÉ DESCARTES
              1596–1650 frz. Philosoph, Mathematiker

Fortschritt ist ein schönes Wort. Seine Triebkraft aber heißt
Wandel. Und der Wandel hat seine Feinde.
              ROBERT KENNEDY
              1925–1968 US-Senator

Es bedarf nur eines Anfangs, dann erledigt sich das Übrige.
              SALLUST
              86–36 v. Chr., röm. Historiker

Glück ist der Scharfsinn für Gelegenheiten
und die Fähigkeit, sie zu nutzen.
              SAMUEL GOLDWYN
              1882–1974 US-Filmproduzent

Noch keine große Idee wurde in einer Konferenz geboren,
aber eine Menge Torheiten sind dort gestorben.
              SCOTT FITZGERALD
              1896–1940 US-Schriftsteller

Wenn du ein Problem hast, versuche es zu lösen. Kannst du es nicht lösen, dann mache kein Problem daraus.
SIDDHARTHA GAUTAMA
563–483 v. Chr., Begründer des Buddhismus

Alles Leben ist Problemlösen.
SIR KARL RAIMUND POPPER
1902–1994 österr./engl. Philosoph, Wirtschaftstheoretiker

Lasse Zweifel niemals unbeachtet.
SOKRATES
470–399 v. Chr., griech. Philosoph

Chancen multiplizieren sich, wenn man sie ergreift.
SUN ZI
um 500 v. Chr., chin. Feldherr, Stratege

Alles Alte, soweit es den Anspruch darauf verdient hat, sollen wir lieben; aber für das Neue sollen wir eigentlich leben.
THEODOR FONTANE
1819–1898 dt. Schriftsteller

Wer seine Bitte nur zögernd vorträgt, lehrt, den er bittet, seine Bitte abzuschlagen.
THEODOR FONTANE
1819–1898 dt. Schriftsteller

Genie ist 1% Inspiration und 99% Transpiration.
THOMAS ALVA EDISON
1847–1931 US-Erfinder

Ratlosigkeit und Unzufriedenheit sind die Vorbedingungen
des Fortschritts.   THOMAS ALVA EDISON
1847–1931 US-Erfinder

Im Erfolg wird man zum Bewahrer, aber nicht zum Eroberer.
THOMAS BUBENDORFER
*1962 österr. Extrembergsteiger, Autor

Meine Aufgabe ist es, meine Hoffnungen zu lehren,
sich den Tatsachen anzupassen, und nicht,
die Tatsachen dazu zu zwingen, mit meinen Hoffnungen
übereinzustimmen.   THOMAS HUXLEY
1825–1895 engl. Biologe

Organisationen stehen vor der ständigen Herausforderung,
nicht stolz und träge zu werden aufgrund einer
erfolgreichen Vergangenheit, sondern neugierig und
flexibel zu sein für eine ungewisse Zukunft.
UNBEKANNT

Prüfe das Neue und das Alte und behalte das Beste.
UNBEKANNT

Zu wissen, dass Veränderung möglich ist, und der
Wunsch, Veränderungen vorzunehmen, dies sind
zwei große erste Schritte. Wir sind möglicherweise
langsame Lerner, aber wir sind lernfähig.
VIRGINIA SATIR
1916–1988 US-Familientherapeutin

Eines Tages wird alles gut sein, das ist unsere Hoffnung.
Heute ist alles in Ordnung, das ist unsere Illusion.
> VOLTAIRE
> 1694–1778 frz. Philosoph

Es kommt nicht darauf an, mit dem Kopf durch die Wand zu rennen, sondern mit den Augen die Tür zu finden.
> WERNER VON SIEMENS
> 1816–1892 dt. Erfinder,
> Gründer Siemens AG

Worte zahlen keine Schulden.
> WILLIAM SHAKESPEARE
> 1564–1616 engl. Dramatiker

Es ist ein großer Vorteil im Leben, die Fehler, aus denen man lernen kann, möglichst früh zu begehen.
> SIR WINSTON CHURCHILL
> 1874–1965 engl. Politiker,
> Nobelpreisträger

Es ist sinnlos zu sagen: Wir tun unser Bestes. Es muss dir gelingen, das zu tun, was erforderlich ist.
> SIR WINSTON CHURCHILL
> 1874–1965 engl. Politiker,
> Nobelpreisträger

Man löst keine Probleme, indem man sie aufs Eis legt.
> SIR WINSTON CHURCHILL
> 1874–1965 engl. Politiker,
> Nobelpreisträger

**Wenn zwei Menschen immer dasselbe denken, ist einer von
ihnen überflüssig.** SIR WINSTON CHURCHILL
1874–1965 engl. Politiker,
Nobelpreisträger

**Klug ist nicht, wer keine Fehler macht.
Klug ist der, der es versteht, sie zu korrigieren.**
WLADIMIR ILJITSCH LENIN
1870–1927 russ. Politiker, Revolutionär

Schlimmer als blind sein ist nicht sehen wollen.
WLADIMIR ILJITSCH LENIN
1870–1927 russ. Politiker, Revolutionär

Eröffnung und Kick-off

Das Schönste, was wir erleben können,
ist das Geheimnisvolle.
>Albert Einstein
>1879–1955 dt. Physiker, Nobelpreisträger

Wenn ich die Folgen geahnt hätte,
wäre ich Uhrmacher geworden.
>Albert Einstein
>1879–1955 dt. Physiker, Nobelpreisträger

Es ist dem Menschen nicht möglich,
sich Einflüssen zu entziehen.
>André Gide
>1869–1951 frz. Schriftsteller, Nobelpreisträger

Man entdeckt keine neuen Erdteile, ohne den Mut zu haben,
alte Küsten aus den Augen zu verlieren.
>André Gide
>1869–1951 frz. Schriftsteller, Nobelpreisträger

Einer Straßenbahn und einer Aktie darf man nie nachlaufen.
Nur Geduld: Die nächste kommt mit Sicherheit.
>André Kostolany
>1906–1999
>ungar./amerik. Börsenexperte

Schön macht die Wüste, dass sie irgendwo einen Brunnen
birgt.
>Antoine de Saint-Exupéry
>1900–1944 frz. Schriftsteller, Flieger

Denken und Sein werden vom Widerspruch bestimmt.
>ARISTOTELES
>384–322 v. Chr., griech. Philosoph

Der Anfang ist die Hälfte des Ganzen.
>ARISTOTELES
>384–322 v. Chr., griech. Philosoph

Erfahrung ist der Anfang aller Kunst und jeden Wissens.
>ARISTOTELES
>384–322 v. Chr., griech. Philosoph

**Ich würde alles noch einmal so machen,
wie ich es getan habe. Bis auf eine Ausnahme:
Ich würde früher bessere Berater suchen.**
>ARISTOTELES ONASSIS
>1906–1975 griech. Reeder

**Sei mutig und gewaltige Mächte werden dir zu
Hilfe kommen.** BASIL KING
>1859–1928 kanad./amerik. Kleriker

**Wir wollen niemanden in den Schatten stellen,
aber wir fordern auch unseren Platz an der Sonne.**
>BERNHARD VON BÜLOW
>1849–1929 dt. Politiker

**Eine Idee muss Wirklichkeit werden können, oder sie ist nur
eine eitle Seifenblase.** BERTHOLD AUERBACH
>1812–1882 dt. Schriftsteller

Eine Bank ist ein Ort, wo man sich Geld leihen kann,
wenn man beweisen kann, dass man keines braucht.
>> BOB HOPE
>> 1903–2003 engl./amerik. Schauspieler

Die Welt gehört denen, die zu ihrer Eroberung ausziehen,
bewaffnet mit Sicherheit und guter Laune.
>> CHARLES DICKENS
>> 1812–1870 engl. Schriftsteller

Eine mächtige Flamme entsteht aus einem
winzigen Funken.
>> DANTE ALIGHIERI
>> 1265–1321 ital. Dichter und Philosoph

Auch Quellen und Brunnen versiegen,
wenn man zu oft und zu viel aus ihnen schöpft.
>> DEMOSTHENES
>> 384–322 v. Chr., griech. Redner

Das Einzige, was uns vor der Bürokratie schützt,
ist ihre Ineffizienz.
>> EUGENE MCCARTHY
>> 1916–2005 US-Politiker

Warum das Vergangene uns so lieblich scheint?
Aus demselben Grunde, warum eine Blumenwiese aus der
Entfernung wie ein Blumenbeet erscheint.
>> FRANZ GRILLPARZER
>> 1791–1872 österr. Dichter

Ein Gramm Arbeit wiegt mehr als ein Kilogramm Worte.
>
> FRANZ VON SALES
> 1567–1622 ital. Heiliger,
> Gründer des Ordens der Salesianerinnen,
> Bischof von Genf

Es ist, als würde ich eine Banknotenpresse mit mir herumtragen. Brauche ich Geld, male ich.
>
> FRIEDENSREICH HUNDERTWASSER
> 1928–2000 österr. Maler, Grafiker

**Die Erfolgreichen suchen sich die Umstände,
die sich brauchen – und wenn sie sie nicht finden,
schaffen sie sich die Umstände selber.**
>
> GEORGE BERNARD SHAW
> 1856–1950 ir. Dramatiker

**Das Wunderbarste an Wundern ist,
dass sie manchmal wirklich geschehen.**
>
> GILBERT KEITH CHESTERTON
> 1874–1936 engl. Schriftsteller

**Es gibt mehr Leute, die kapitulieren, als solche,
die scheitern.**
>
> HENRY FORD
> 1863–1947 US-Industrieller,
> Gründer von Ford

**Man muss das Unmögliche versuchen,
um das Mögliche zu erreichen.**
>
> HERMANN HESSE
> 1877–1962 dt. Schriftsteller

Wenn du vorhast zu sündigen, sündige gegen Gott,
nicht gegen die Bürokratie.
Gott wird dir vergeben, die Bürokratie nicht.
HYMAN RICKOVER
1900–1986 US-General

Leben heißt arbeiten und kämpfen.
JOHN KNITTEL
1891–1970 schweiz. Schriftsteller

Ich kann nicht verstehen, warum Menschen sich vor neuen
Ideen fürchten. Mir macht das Alte Angst.
JOHN MILTON CAGE
1912–1992 US-Komponist und Künstler

Alle schlimmen Zustände sind aus guten Anfängen
entstanden. GAIUS JULIUS CÄSAR
100–44 v. Chr., röm. Feldherr

Beziehungen sind eine Rutschbahn nach oben.
KARL FARKAS
1893–1971 österr. Kabarettist

Gute Aussichten sind wertlos.
Es kommt darauf an, wer sie hat.
KARL JASPERS
1883–1969 dt. Psychiater und Philosoph

Alle menschlichen Organe werden irgendwann müde,
nur die Zunge nicht. KONRAD ADENAUER
1876–1967 erster dt. Bundeskanzler

Eröffnung und Kick-off

Man darf niemals „zu spät" sagen.
Es ist immer Zeit für einen neuen Anfang.

>   KONRAD ADENAUER
>   1876–1967 erster dt. Bundeskanzler

Dass etwas neu ist und daher gesagt werden sollte,
merkt man erst, wenn man auf scharfen Widerspruch stößt.

>   KONRAD LORENZ
>   1903–1989 österr. Verhaltensforscher,
>   Nobelpreisträger

Erfahrung ist die gemeinsame Mutter aller Wissenschaften
und Künste.

>   LEONARDO DA VINCI
>   1452–1519 ital. Maler, Bildhauer,
>   Universalgenie

Geniale Menschen beginnen große Werke,
fleißige Menschen vollenden sie.

>   LEONARDO DA VINCI
>   1452–1519 ital. Maler, Bildhauer,
>   Universalgenie

Zuerst ignorieren sie dich, dann lachen sie über dich,
dann bekämpfen sie dich und dann gewinnst du.

>   MAHATMA GANDHI
>   1869–1948 ind. Freiheitskämpfer

Ein Bankier ist einer, der dir einen Schirm leiht,
wenn die Sonne scheint, und ihn wieder zurückhaben will,
sobald es zu regnen beginnt.

>   MARK TWAIN
>   1835–1910 US-Schriftsteller

Es wäre dumm, sich über die Welt zu ärgern.
Sie kümmert sich nicht darum.
 MARCUS AURELIUS
 121–180 röm. Kaiser

Aus kleinem Anfang entspringen alle Dinge.
 MARCUS TULLIUS CICERO
 106–43 v. Chr., röm. Redner, Politiker,
 Philosoph

Ich beschäftige mich nicht mit dem, was getan worden ist.
Mich interessiert, was getan werden muss.
 MARIE CURIE
 1867–1934 poln./franz. Physikerin,
 Nobelpreisträgerin

Man merkt nie, was schon getan wurde; man sieht immer
nur das, was noch zu tun bleibt.
 MARIE CURIE
 1867–1934 poln./franz. Physikerin,
 Nobelpreisträgerin

Man wird vom Schicksal hart oder weich geklopft,
es kommt auf das Material an.
 MARIE VON EBNER-ESCHENBACH
 1830–1916 österr. Schriftstellerin

Wenn es einen Glauben gibt, der Berge versetzen kann,
so ist es der Glaube an die eigene Kraft.
 MARIE VON EBNER-ESCHENBACH
 1830–1916 österr. Schriftstellerin

Kein Schaden ist größer als vergeudete Zeit.
>MICHELANGELO BUONARROTI
>1475–1564 ital. Maler, Bildhauer, Architekt

Man kann den Dingen den ersten Anstoß geben, doch sie tragen dich davon.
>NAPOLEON BONAPARTE
>1769–1821 frz. Kaiser, Feldherr

Aller Anfang ist schwer.
>OVID
>43 v. Chr.–17 n. Chr., röm. Dichter

Gebt mir ein Museum, und ich werde es füllen.
>PABLO PICASSO
>1881–1973 span. Maler, Bildhauer

Ich konnte schon früh zeichnen wie Raffael, aber ich habe ein Leben lang dazu gebraucht, wieder zeichnen zu lernen wie ein Kind.
>PABLO PICASSO
>1881–1973 span. Maler, Bildhauer

Ein Wunsch kann durch nichts mehr verlieren als dadurch, dass er in Erfüllung geht.
>PETER BAMM
>1897–1975 dt. Schriftsteller

Der Beginn ist der wichtigste Teil der Arbeit.
>PLATO
>427–347 v. Chr., griech. Philosoph

Einem Kind, das die Dunkelheit fürchtet, verzeiht man gern;
tragisch wird es erst, wenn Männer das Licht fürchten.
>
> PLATO
> 427–347 v. Chr., griech. Philosoph

Aus Furcht, zu weit zu gehen,
gehen wir oft nicht weit genug.
>
> REINHARD K. SPRENGER
> *1953 dt. Unternehmensberater,
> Autor, Visionär

Das Management muss die Richtung weisen,
Strategien festlegen, Systeme gestalten, selbst nach
vorn marschieren, überzeugen.
Und last but not least: die richtigen Menschen anziehen.
>
> ROLF STROMBERG
> *1940 dt. Manager, CEO von BP Oil

Es genügt nicht, dass man zur Sache spricht.
Man muss zu den Menschen sprechen.
>
> STANISLAW JERZEY LEC
> 1909–1966 poln. Schriftsteller

Jedes Problem, das man bewältigt, bringt einen in der
Zukunft weiter und gibt auch neue Kraft.
>
> STEFFI (STEFANIE MARIA) GRAF
> *1969 dt. Tennisspielerin

Wenn wir alles täten, wozu wir imstande sind, würden wir
uns wahrlich in Erstaunen versetzen.
>
> THOMAS ALVA EDISON
> 1847–1931 US-Erfinder

Die Zeit ist schlecht? Wohlan. Du bist da,
sie besser zu machen. THOMAS CARLYLE
1795–1881 engl. Historiker

Erfahrung ist der beste Lehrmeister.
Nur das Schulgeld ist teuer.

THOMAS CARLYLE
1795–1881 engl. Historiker

Nicht, was ich habe, sondern was ich schaffe,
ist mein Reich. THOMAS CARLYLE
1795–1881 engl. Historiker

Das große Ziel des Lebens ist nicht Wissen,
sondern Handeln. THOMAS HUXLEY
1825–1895 engl. Biologe

Verfüge nie über Geld, ehe du es hast.

THOMAS JEFFERSON
1743–1826 3. US-Präsident

Der Geist bewegt die Materie.

VERGIL
70–19 v. Chr., röm. Dichter

Nichts auf der Welt ist so stark wie eine Idee,
deren Zeit gekommen ist.

VICTOR HUGO
1802–1885 frz. Dichter

Es ist ebenso interessant und schwer, etwas gut zu sagen, wie es gut zu malen ist.

Vincent van Gogh
1853–1890 niederl. Maler

Ich kann nichts dafür, dass meine Bilder sich nicht verkaufen lassen. Aber es wird die Zeit kommen, da die Menschen erkennen, dass sie mehr wert sind als das Geld für die Farbe.

Vincent van Gogh
1853–1890 niederl. Maler

Wandlung ist notwendig wie die Erneuerung der Blätter im Frühling.

Vincent van Gogh
1853–1890 niederl. Maler

Bei der Eroberung des Weltraums sind zwei Probleme zu lösen: die Schwerkraft und der Papierkrieg. Mit der Schwerkraft wären wir fertig geworden.

Wernher von Braun
1912–1977 dt./amerik. Raketenforscher

Eine Gemeinde kann ihr Geld nicht besser anlegen, als indem sie Geld in Babys steckt.

Sir Winston Churchill
1874–1965 engl. Politiker,
Nobelpreisträger

Feste und Veranstaltungen

Das Komitee ist eine Sackgasse, in die Ideen hineingelockt
und dann in Ruhe erdrosselt werden.
>> ABRAHAM LINCOLN
>> 1809–1865 16. US-Präsident

Ohne Begeisterung, welche die Seele mit einer gesunden
Wärme erfüllt, wird nie etwas Großes zustande gebracht.
>> ADOLPH FREIHERR VON KNIGGE
>> 1752–1796 dt. Schriftsteller

Ich fühle mich ein bisschen wie Zsa Zsa Gabors fünfter
Ehemann: Ich weiß, was man von mir verlangt, aber ich bin
nicht sicher, ob ich es noch interessant machen kann.
>> AL GORE
>> *1948 US-Politiker, Unternehmer, Nobelpreisträger

Die besten Dinge im Leben sind nicht die,
die man für Geld bekommt.
>> ALBERT EINSTEIN
>> 1879–1955 dt. Physiker, Nobelpreisträger

Ein Abend, an dem sich alle Anwesenden völlig einig sind,
ist ein verlorener Abend.
>> ALBERT EINSTEIN
>> 1879–1955 dt. Physiker, Nobelpreisträger

Wenn du dich weigerst, die Verantwortung für deine
Niederlage zu übernehmen, wirst du auch nicht für deine
Siege verantwortlich sein.
>> ANTOINE DE SAINT-EXUPÉRY
>> 1900–1944 frz. Schriftsteller, Flieger

Freude an der Arbeit lässt das Werk vortrefflich geraten.
ARISTOTELES
384–322 v. Chr., griech. Philosoph

Wenn ein Mensch behauptet, mit Geld lasse sich alles erreichen, darf man sicher sein, dass er nie welches gehabt hat.
ARISTOTELES ONASSIS
1906–1975 griech. Reeder

Niemand trägt auf einer Party so viel zur Unterhaltung bei wie diejenigen, die gar nicht da sind.
AUDREY HEPBURN
1920–1993 US-Schauspielerin

Wenn man im Mittelpunkt einer Party stehen will, darf man nicht hingehen.
AUDREY HEPBURN
1920–1993 US-Schauspielerin

Wenn man ein großes Unternehmen verändern will, benötigt man dafür eventuell auch eine kleine Krise.
BERND PISCHETSRIEDER
*1948 dt. Manager,
ehem. Vorstandsvors. VW

Erst kommt das Fressen, dann die Moral.
BERTOLT BRECHT
1898–1956 dt. Schriftsteller

Nichts in der Welt ist so ansteckend wie Lachen und gute Laune.
CHARLES DICKENS
1812–1870 engl. Schriftsteller

Jeder Tag, an dem du nicht lächelst, ist ein verlorener Tag.
>> CHARLIE CHAPLIN
>> 1889–1977 engl. Komiker, Schauspieler

Lachen sorgt dafür, dass uns die Bösartigkeit des Lebens nicht ganz und gar überwältigt.
>> CHARLIE CHAPLIN
>> 1889–1977 engl. Komiker, Schauspieler

Kein Feiertag, der kein Ende hat.
>> CHIN. SPRICHWORT

Ein Mann kann anziehen, was er will – er bleibt doch nur ein Accessoire der Frau.
>> COCO CHANEL
>> 1883–1971 frz. Modeschöpferin

Lebenskunst ist die Kunst des richtigen Weglassens.
>> COCO CHANEL
>> 1883–1971 frz. Modeschöpferin

Ein Leben ohne Feste gleicht einer weiten Reise ohne Einkehr.
>> DEMOKRIT
>> 460–370 v. Chr., griech. Philosoph

Das Herstellen von Kontakt, gleich in welcher Form, bedeutet, etwas über die Dinge zu lernen.
>> EDWIN C. NEWIS
>> US-Psychologe, Organisationsberater

Wenn man beginnt, seinem Passfoto ähnlich zu sehen, sollte man in den Urlaub fahren.
> EPHRAIM KISHON
> 1924–2005 israel. Schriftsteller

Abwechslung ist süßer als alles.
> EURIPIDES
> 480–406 v. Chr., gr. Dichter

Geschenke locken selbst die Götter.
> EURIPIDES
> 480–406 v. Chr., gr. Dichter

Für ein gutes Gespräch sind die Pausen genauso wichtig wie die Worte.
> FJODOR MICHAILOWITSCH DOSTOJEWSKI
> 1821–1881 russ. Schriftsteller

Was hilft aller Sonnenaufgang, wenn wir nicht aufstehen.
> GEORG CHRISTOPH LICHTENBERG
> 1742–1799 dt. Schriftsteller und Physiker

Die Welt ist voller Leute, die Wasser predigen und Wein trinken.
> GIOVANNI GUARESCHI
> 1908–1968 ital. Journalist, Schriftsteller

Wer nicht übertreibt, ist uninteressant.
> GUSTAV MAHLER
> 1860–1911 österr. Komponist, Dirigent, Operndirektor

Lieber auf der Straße stehen als unter der Erde liegen.

HEINZ-DIETER BLUDAU
*1949 dt. Lehrer

Es hängt von dir selbst ab, ob du das neue Jahr als Bremse oder als Motor benutzen willst.

HENRY FORD
1863–1947 US-Industrieller,
Gründer von Ford

Die schönste Harmonie entsteht durch Zusammenbringen der Gegensätze. HERAKLIT VON EPHESUS

um 530–480 v. Chr., griech. Philosoph

Ein Lachen, unauslöschbar, lässt die Himmel erbeben.

HOMER
um 800 v. Chr., griech. Dichter

Ihr Geld ist nicht weg, mein Herr, es hat nur ein anderer.

JAMES MAYER DE ROTHSCHILD
1792–1868 dt./frz. Bankier

Es ist gar nichts an einem Feste ohne wohl geputzte vornehme Gäste. JOHANN WOLFGANG VON GOETHE

1742–1832 dt. Schriftsteller

**Wer den Publikum hinterher läuft,
sieht nur dessen Hinterteil.**

JOHANN WOLFGANG VON GOETHE
1742–1832 dt. Schriftsteller

Ein Politiker, der sich über die Presse beklagt, ist wie ein Schiffskapitän, der sich über das Meer beklagt.
JOHN ENOCH POWELL
1912–1998 engl. Politiker

Lieber ein unzufriedener Mensch sein als ein glückliches Schwein.
JOHN STUART MILL
1806–1873 engl. Philosoph, Ökonom

Der Vogel im Käfig weiß nicht, dass er nicht fliegen kann.
JULES RENARD
1864–1910 frz. Autor

Die Energie von morgen ist Wasser, das durch elektrischen Strom zerlegt worden ist. Die so zerlegten Elemente des Wassers – Wasserstoff und Sauerstoff – werden auf unabsehbare Zeit hinaus die Energieversorgung der Erde sichern.
JULES VERNE
1828–1905 frz. Schriftsteller, früher Vertreter des Science-Fiction-Romans

**Der Mode entkommt man nicht.
Denn auch wenn Mode aus der Mode kommt,
ist das schon wieder Mode.**
KARL LAGERFELD
*1938 dt. Modeschöpfer, Fotograf

Die Sonnenbrille ist mein mobiler Lidschatten.
KARL LAGERFELD
*1938 dt. Modeschöpfer, Fotograf

Das Leben ist da, um gelebt zu werden.
> KATHARINE HEPBURN
> 1907–2003 US-Schauspielerin
> (vier Oscars)

Eine gute Rede hat einen Anfang und ein Ende und dazwischen ist sie ziemlich kurz.
> LUCIUS ANNAEUS SENECA
> 4 v. Chr.–65 n. Chr., röm. Philosoph, Staatsmann

Man kann ein Fest auch ohne Schlemmerei feiern.
> LUCIUS ANNAEUS SENECA
> 4 v. Chr.–65 n. Chr., röm. Philosoph, Staatsmann

Arbeit und Feier vollenden einander.
> LUDWIG STRAUSS
> 1892–1953 dt./israel. Schriftsteller, Literaturwissenschaftler

Adam wollte den Apfel nicht um des Apfels willen, sondern weil er verboten war.
> MARK TWAIN
> 1835–1910 US-Schriftsteller

Jeder von uns hat nur ein Leben.
> MARCUS AURELIUS
> 121–180 röm. Kaiser

Keine Schuld ist dringender als die, Dank zu sagen.
> MARCUS TULLIUS CICERO
> 106–43 v. Chr., röm. Redner, Politiker, Philosoph

**Nicht einer würde sich an den guten Samariter erinnern,
wenn er nur gute Absichten gehabt hätte.
Er hatte auch Geld.**   MARGARET THATCHER
*1925 engl. Premierministerin

**Wenn Sie in der Politik etwas gesagt haben wollen,
wenden Sie sich an einen Mann. Wenn Sie etwas getan
haben wollen, wenden Sie sich an eine Frau.**
MARGARET THATCHER
*1925 engl. Premierministerin

**Von den wissenschaftlichen Theorien gefällt mir
die am besten, dass die Ringe des Saturn komplett aus
verlorenem Fluggepäck zusammengesetzt sind.**
MARK RUSSEL
*1932 US-Komödienschauspieler

**Ihr könnt predigen, was ihr wollt, aber predigt niemals
über vierzig Minuten.**   MARTIN LUTHER
1483–1546 dt. Theologe

Champagner lockert die Etikette.
NAPOLEON BONAPARTE
1769–1821 frz. Kaiser, Feldherr

**Für mich sind Geburtstage und Weihnachten
keine magischen Daten. Ich feiere immer dann,
wenn ich Lust dazu habe.**
NICOLAS G. HAYEK
*1928 liban./schweiz. Unternehmer,
Gründer von Swatch

Frauen unterwerfen sich willig der Mode;
denn sie wissen, dass man die Verpackung wechseln muss,
wenn der Inhalt interessant bleiben soll.

>   Noel Coward
>   1899–1973 engl. Schauspieler,
>   Komponist

Begrüße das neue Jahr vertrauensvoll und ohne Vorurteile;
dann hast du es schon halb zum Freunde gewonnen.

>   Novalis
>   1772–1801 dt. Dichter, Bergbauingenieur

Das Stück war ein großer Erfolg. Nur das Publikum ist
durchgefallen.

>   Oscar Wilde
>   1854–1900 ir. Schriftsteller

Du weißt, wie groß die Neugier einer Frau ist – fast so groß
wie die eines Mannes.

>   Oscar Wilde
>   1854–1900 ir. Schriftsteller

Leben ist kein Stillleben.

>   Oskar Kokoschka
>   1886–1980 österr. Maler, Schriftsteller

Bei schlechten Beamten helfen uns die besten Gesetze
nichts.

>   Otto Eduard Leopold
>   Fürst v. Bismarck
>   1815–1898 erster Reichskanzler

Mit den Kindern muss man zart und freundlich verkehren. Das Familienleben ist das beste Band. Kinder sind unsere besten Richter.
OTTO EDUARD LEOPOLD
FÜRST V. BISMARCK
1815–1898 erster Reichskanzler

Albernheit ist eine Erholung von der Umwelt.
PETER BAMM
1897–1975 dt. Schriftsteller

Einem Kameraden hilft man. Einem Kollegen misstraut man. Mit einem Freunde ist man albern.
PETER BAMM
1897–1975 dt. Schriftsteller

Manches Vergnügen besteht darin, dass man mit Vergnügen darauf verzichtet.
PETER ROSEGGER
1843–1918 österr. Schriftsteller

Die Jahre lehren viel, was die Tage niemals wissen.
RALPH WALDO EMERSON
1803–1882 US-Philosoph

Wer nicht jeden Tag etwas für seine Gesundheit aufbringt, muss eines Tages sehr viel Zeit für die Krankheit opfern.
SEBASTIAN KNEIPP
1821–1897 dt. Pfarrer und Hydrotherapeut

Der verlorenste aller Tage ist der, an dem man nicht gelacht hat.
SEBASTIEN CHAMFORT
1741–1794 frz. Schriftsteller

Die Tränen lassen nichts gewinnen, wer schaffen will, muss fröhlich sein.
 Theodor Fontane
 1819–1898 dt. Schriftsteller

Ein Optimist ist ein Mensch, der ein Dutzend Austern bestellt in der Hoffnung, sie mit der Perle, die er darin findet, bezahlen zu können.
 Theodor Fontane
 1819–1898 dt. Schriftsteller

Aus dem Wort „Fortschritt" hören die meisten Menschen „weniger Arbeit" heraus.
 Thomas Niederreuther
 1009–1990 dt. Schriftsteller

Der Unterschied zwischen Männer und Jungen ist der Preis ihrer Spielsachen. Unbekannt

Lieber einen Sechser im Lotto als einen Achter im Fahrrad.
 Unbekannt

Man muss die Feste feiern, wie sie fallen.
 Unbekannt

Tischreden sind die schwierigsten Reden: Sind sie zu ernst, schlafen alle ein. Sind sie zu lustig, kann man die Kosten der Veranstaltung nicht von der Steuer absetzen.
 Unbekannt

Finanzchefs sind die Hofnarren der Neuzeit. Sie müssen die Anteilseigner stets bei Laune halten.

URSULA PIËCH
*1937, Gattin von Ferdinand Piëch
ehem. Aufsichtsratsvors. VW

Ich glaube an das Pferd. Das Automobil ist eine vorübergehende Erscheinung.

WILHELM II.
1859–1941 dt. König von Preußen,
letzter Deutscher Kaiser

Meine Untertanen sollten einfach tun, was ich ihnen sage, aber meine Untertanen wollen alle selber denken, und daraus entstehen dann alle Schwierigkeiten.

WILHELM II.
1859–1941 dt. König von Preußen,
letzter Deutscher Kaiser

Die ganze Welt ist Bühne.

WILLIAM SHAKESPEARE
1564–1616 engl. Dramatiker

Wenn man von einem Autor abschreibt, heißt es Plagiat – wenn man von vielen Autoren abschreibt, heißt es Forschung.

WILSON MIZNER
1876–1933 US-Texter, Unternehmer

Die alten Wörter sind die besten und die kurzen die allerbesten.

SIR WINSTON CHURCHILL
1874–1965 engl. Politiker,
Nobelpreisträger

Eine gute Rede ist eine Ansprache, die das Thema erschöpft, aber keineswegs die Zuhörer.
Sir Winston Churchill
1874–1965 engl. Politiker,
Nobelpreisträger

Man soll dem Leib etwas Gutes bieten, damit die Seele Lust hat, darin zu wohnen.
Sir Winston Churchill
1874–1965 engl. Politiker,
Nobelpreisträger

Das Notwendigste, das Härteste und die Hauptsache in der Musik ist das Tempo. Wolfgang Amadeus Mozart
1756–1791 österr. Komponist

Führung und Macht

**Man hilft den Menschen nicht, wenn man für sie tut,
was sie selbst tun können.**
Abraham Lincoln
1809–1865 16. US-Präsident

**Man kann nicht die Macht den Schwachen geben,
indem man die Starken schwächt.**
Abraham Lincoln
1809–1865 16. US-Präsident

**Mit Schicksalsschlägen werden fast alle Menschen fertig.
Um jemand auf seine Charakterfestigkeit zu prüfen,
muss man ihm Macht geben.**
Abraham Lincoln
1809–1865 16. US-Präsident

Nichts ist geregelt, was nicht gerecht geregelt ist.
Abraham Lincoln
1809–1865 16. US-Präsident

Nur wer bereit ist zu helfen, darf auch kritisieren.
Abraham Lincoln
1809–1865 16. US-Präsident

Wichtige Grundsätze müssen biegsam sein.
Abraham Lincoln
1809–1865 16. US-Präsident

**Willst du den Charakter eines Menschen erkennen,
so gib ihm Macht.** Abraham Lincoln
1809–1865 16. US-Präsident

Wer Mut zeigt, macht Mut.
>ADOLF KOLPING
>1813–1865 dt. Theologe (Kolpingwerk)

Die Kunst des Umgangs mit Menschen besteht darin, sich geltend zu machen ohne andere unerlaubt zurückzudrängen.
>ADOLPH FREIHERR VON KNIGGE
>1752–1796 dt. Schriftsteller

Du hast bei der besten Sache schon halb verloren, wenn du nicht kaltblütig bleibst.
>ADOLPH FREIHERR VON KNIGGE
>1752–1796 dt. Schriftsteller

Gib keine Befehle, die man nicht vollbringen kann, und tadle an anderen keine Fehler, die du selbst begehst.
>AESOP
>um 600 v. Chr., gr. Dichter

Wo es Hände braucht, sind Worte völlig unnütz.
>AESOP
>um 600 v. Chr., gr. Dichter

Um eine Kultur zu schaffen, genügt es nicht, mit dem Lineal auf die Finger zu klopfen.
>ALBERT CAMUS
>1913–1960 frz. Philosoph und Schriftsteller, Nobelpreisträger

Führung, das ist Erläuterung der Aufgabe.
>ALEXANDER GRAHAM BELL
>1847–1922 engl. Erfinder

Achte auf die Kosten und die Gewinne sorgen für sich selbst.
Andrew Carnegie
1953–1919 US-Industrieller

Um klar zu sehen, genügt oft ein Wechsel der Blickrichtung.
Antoine de Saint-Exupéry
1900–1944 frz. Schriftsteller, Flieger

Wenn du ein Schiff bauen willst, so trommle nicht Männer zusammen, um Holz zu beschaffen, Werkzeuge vorzubereiten, Aufgaben zu vergeben und die Arbeit einzuteilen, sondern lehre die Männer die Sehnsucht nach dem weiten endlosen Meer.
Antoine de Saint-Exupéry
1900–1944 frz. Schriftsteller, Flieger

Das Denken für sich allein bewegt nichts, sondern nur das auf einen Zweck gerichtete und praktische Denken.
Aristoteles
384–322 v. Chr., griech. Philosoph

Jeder kann wütend werden, das ist einfach. Aber wütend auf den Richtigen zu sein, im richtigen Maß, zur richtigen Zeit, zum richtigen Zweck und auf die richtige Art, das ist schwer.
Aristoteles
384–322 v. Chr., griech. Philosoph

Niemand kann gut befehlen, der nicht zuvor gehorchen gelernt hat.
Aristoteles
384–322 v. Chr., griech. Philosoph

Rede ist die Kunst, Glauben zu erwecken.
>ARISTOTELES
>384–322 v. Chr., griech. Philosoph

Wer Recht erkennen will, muss zuvor in richtiger Weise gezweifelt haben. ARISTOTELES
>384–322 v. Chr., griech. Philosoph

Wem das Geld zu Kopf steigt, der hat keinen.
>ARISTOTELES ONASSIS
>1906–1975 griech. Reeder

Jeder erbärmliche Tropf, der nichts in der Welt hat, worauf er stolz sein könnte, ergreift das letzte Mittel: auf die Nation, der er gerade angehört, stolz zu sein.
>ARTHUR SCHOPENHAUER
>1788–1860 dt. Philosoph

Wo Kultur wegbricht, wird Platz frei für Gewalt.
>AUGUST EVERDING
>1928–1999 dt. Regisseur

Wenn du Erfolg haben willst, begrenze dich.
>AUGUSTIN SAINT-BEUVE
>1804–1869 frz. Kritiker, Schriftsteller

In dir muss brennen, was du in anderen entzünden willst.
>AUGUSTINUS AURELIUS
>354–430 röm. Theologe, Bischof, Heiliger

Das Geheimnis des Erfolges liegt in der Beständigkeit
des Ziels. BENJAMIN DISRAELI
1804–1881 engl. Staatsmann

Der Mensch ist nicht das Produkt seiner Umgebung,
vielmehr ist seine Umgebung ein Produkt des Menschen.
BENJAMIN DISRAELI
1804–1881 engl. Staatsmann

Mit Worten lenken wir Menschen.
BENJAMIN DISRAELI
1804–1881 engl. Staatsmann

Wir setzen zu viel auf Vertrauen, auf Systeme und
blicken zu wenig auf Männer.
BENJAMIN DISRAELI
1804–1881 engl. Staatsmann

Du erzählst mir etwas, und ich vergesse es.
Du lehrst mich etwas, und ich behalte es.
Du beziehst mich in etwas mit ein, und ich lerne es.
BENJAMIN FRANKLIN
1706–1790 US-Staatsmann

Verwechsle niemals Bewegung mit Handlung.
BENJAMIN FRANKLIN
1706–1790 US-Staatsmann

Denn nicht die Tat zählt, sondern der Einfluss.
BERTOLT BRECHT
1898–1956 dt. Schriftsteller

Führung und Macht

Erfolg ist ein schlechter Lehrmeister. Er lässt sogar kluge Menschen glauben, sie könnten nicht verlieren.
>Bill Gates
>*1955 US-Unternehmer,
>Gründer von Microsoft

Man kann aus Bajonetten einen Thron bauen, aber man kann nicht lange darauf sitzen.
>Boris N. Jelzin
>*1931–2007 russ. Politiker,
>ehm. Staatspräsident

Eine gute Schwäche ist besser als eine schlechte Stärke.
>Charles Aznavour
>*1924 frz. Schauspieler, Komponist

Alles, was gegen die Natur ist, hat auf Dauer keinen Bestand.
>Charles Darwin
>1809–1882 engl. Naturwissenschaftler

Es ist besser, unvollkommene Entscheidungen zu treffen, als ständig nach vollkommenen Entscheidungen zu suchen, die es niemals geben wird.
>Charles de Gaulle
>1890–1979 frz. General, Politiker

Ich brauche Informationen; eine Meinung bilde ich mir selbst.
>Charles Dickens
>1812–1870 engl. Schriftsteller

Wer die Menschen kennen will, der studiere ihre Entschuldigungsgründe.
>Christian Friedrich Hebbel
>1813–1863 dt. Dichter

Soll alles wohl im Hause stehen, so musst du selbst wohl nachsehen.   CHRISTOPH VON SCHMID
1768–1854 dt. kath. Priester, Jugendbuchautor (Ihr Kinderlein kommet)

Unsere Aufmerksamkeit ist nur von kurzer Dauer, und es bedarf starker Leidenschaften, um sie wach zu halten.
CLAUDE ADRIEN HELVÉTIUS
1715–1771 frz. Philosoph

Geh deinen Weg und lass die Leute reden.
DANTE ALIGHIERI
1265–1321 ital. Dichter und Philosoph

Überall, wo Zwist herrschen kann, da muss es auch eine Entscheidung geben.   DANTE ALIGHIERI
1265–1321 ital. Dichter und Philosoph

Ob ein Mensch klug ist, erkennt man viel besser an seinen Fragen als an seinen Antworten.
JACQUES DE LÉVIS
1554–1578 frz. Königsberater, General

Die Gefahr kommt von denen, die nach eurem Geschmack sein wollen.   DEMOSTHENES
384–322 v. Chr., griech. Redner

Es gibt Dinge, für die es sich lohnt, eine kompromisslose Haltung einzunehmen.   DIETRICH BONHOEFFER
1906–1945 dt. evang. Theologe

Nur der Glaubende ist gehorsam, und nur der Gehorsame glaubt. DIETRICH BONHOEFFER
1906–1945 dt. evang. Theologe

Erwarte von niemand Leistungen, der kein Talent besitzt.
DU MU
803–852 chin. Sekretär des Großen Rates, Tang Dynastie

Nichts ist im Menschen fester verwurzelt als der Glaube an irgendwelche Autoritäten.
EGON FRIEDELL
1878–1938 österr. Schriftsteller

Die Ruhe ist eine liebenswürdige Frau und wohnt in der Nähe der Weisheit. EPICHAMOS
550–460 v. Chr., gr. Dramatiker

Wer sagt: hier herrscht Freiheit, der lügt, denn Freiheit herrscht nicht.
ERICH FRIED
1921–1988 österr. Schriftsteller

Die Macht hat stets, wer zahlt.
ERNST HAUSCHKA
*1926 dt. Lyriker

Es ist allemal besser, mutig drauflos zu gehen als bedächtig. ERNST MORITZ ARNDT
1769–1860 dt. Theologe

**Wer sich der Sprache seines Volkes entfremdet,
entfremdet sich seinem Volke selbst.**

ERNST MORITZ ARNDT
1769–1860 dt. Theologe

Geld ist geprägte Freiheit.

FJODOR MICHAILOWITSCH
DOSTOJEWSKI
1821–1881 russ. Schriftsteller

Klug fragen können ist die halbe Weisheit.

SIR FRANCIS BACON
1561–1626 engl. Philosoph, Lordkanzler

**Wer gut wirtschaften will, sollte nur die Hälfte
seiner Einnahmen ausgeben, wenn er reich werden will,
sogar nur ein Drittel.**

SIR FRANCIS BACON
1561–1626 engl. Philosoph, Lordkanzler

**Man kann keine Einheit erzielen,
wenn man sich gegenseitig auf die Füße tritt.**

FRANÇOIS MITTERRAND
1916–1996 frz. Staatspräsident

Das Vertrauen gibt dem Gespräch mehr Stoff als Geist.

FRANÇOIS VI.
DE LA ROCHEFOUCAULD
1613–1680 frz. Schriftsteller

Man kann schlauer sein als ein anderer, aber nicht schlauer als alle anderen.
FRANÇOIS VI.
DE LA ROCHEFOUCAULD
1613–1680 frz. Schriftsteller

Niemand ist unentbehrlich.
FRANKLIN DELANO ROOSEVELT
1882–1945 32. US-Präsident

**Es gibt ein Ziel, aber keinen Weg.
Das, was wir Weg nennen, ist Zögern.**
FRANZ KAFKA
1883–1924 deutschsprachiger
Schriftsteller

**Mit jedem Menschen braucht man Geduld,
doch an erster Stelle mit sich selbst.**
FRANZ VON SALES
1567–1622 ital. Heiliger,
Gründer des Ordens der Salesianerinnen,
Bischof von Genf

**Ein Ausschuss ist eine Gruppe von Menschen,
die einzeln nichts tun können, aber als Gruppe beschließen,
dass nichts getan werden kann.**
FRED ALLEN
1894–1956 US-Radiomoderator

**Je planmäßiger die Menschen vorgehen, desto wirksamer
vermag sie der Zufall treffen.**
FRIEDRICH DÜRRENMATT
1921–1990 schweizer. Schriftsteller

Man muss die Menschen ermutigen anstatt sie abzuschrecken.
FRIEDRICH II. DER GROSSE
1712–1786 dt. König v. Preußen

Ohne Nachschub ist keine Armee tapfer.
FRIEDRICH II. DER GROSSE
1712–1786 dt. König v. Preußen

Damit der Mensch vor sich Achtung haben kann, muss er fähig sein, auch böse zu sein.
FRIEDRICH NIETZSCHE
1844–1900 dt. Philosoph

Geld ist das Brecheisen der Macht.
FRIEDRICH NIETZSCHE
1844–1900 dt. Philosoph

**Der Sklave will nicht frei werden.
Er will Sklavenaufseher werden.**
GABRIEL LAUB
1928–1998 poln. Schriftsteller

Leute, die niemals Zeit haben, tun am wenigsten.
GEORG CHRISTOPH LICHTENBERG
1742–1799 dt. Schriftsteller und Physiker

Sag einem Menschen niemals, wie er etwas tun soll. Sag ihm, was er tun soll, und du wirst von seinem Einfallsreichtum überrascht sein.
GEORG PATTON
1885–1945 US-General

Was lockt Männer in die Spielfelder der Macht?
Nicht die Macht allein, sondern das Spiel mit ihr;
das Spiel mit ihren zahllosen Möglichkeiten.
Die Strategie fesselt Spitzenmanager weit mehr als fertige
Erfolgsbilanzen.
    GERTRUD HÖHLER
    dt. Managementberaterin,
    Publizistin

Wir leben in einer Informationskultur, in der man
kommunizieren muss.
    GERTRUD HÖHLER
    dt. Managementberaterin,
    Publizistin

Wann immer man eine effiziente Regierung hat,
hat man eine Diktatur.
    HARRY S. TRUMAN
    1884–1972 33. US-Präsident

Man darf den Groll gegen eine Idee nicht die Diener
derselben entgelten lassen.
    HEINRICH HEINE
    1797–1856 dt. Dichter

Sein Gesichtsausdruck gestand schneller,
als seine Zunge leugnete.
    HENRY FIELDING
    1707–1754 engl. Schriftsteller

Das Geheimnis des Erfolges ist,
den Standpunkt des anderen zu verstehen.
    HENRY FORD
    1863–1947 US-Industrieller,
    Gründer von Ford

Ein großartiges Geschäft ist wirklich zu groß,
um menschlich zu sein.
HENRY FORD
1863–1947 US-Industrieller,
Gründer von Ford

Es gibt eine Regel für Industrialisten, und die heißt:
Produziere Güter bester Qualität, die zu den geringstmöglichen Kosten möglich sind, während du die höchstmöglichen Löhne bezahlst.
HENRY FORD
1863–1947 US-Industrieller,
Gründer von Ford

Macht ist das stärkste Aphrodisiakum.
HENRY KISSINGER
*1927 US-Diplomat, Nobelpreisträger

Verwirrung ist ein Wort, das wir für eine Ordnung erfunden haben, die nicht verstanden wurde.
HENRY MILLER
1891–1980 US-Schriftsteller

Vereinigte Kräfte sind selbst bei Schwachen noch wirksam.
HOMER
um 800 v. Chr., griech. Dichter

Einmal ausgesprochen, fliegt ein Wort unwiderruflich davon.
HORAZ
65–8 v. Chr., röm. Dichter

Untersuche, ob auch wahr ist, was du hörst.
HORAZ
65–8 v. Chr., röm. Dichter

Alles, was sich nicht zur Publizität eignet, ist unrecht.
>IMMANUEL KANT
>1724–1804 dt. Philosoph

Konsequent zu sein, ist die größte Obliegenheit des Menschen.
>IMMANUEL KANT
>1724–1804 dt. Philosoph

Wenn wir die Ziele wollen, wollen wir auch die Mittel.
>IMMANUEL KANT
>1724–1804 dt. Philosoph

Wer sich zum Wurm macht, soll nicht klagen, wenn er getreten wird.
>IMMANUEL KANT
>1724–1804 dt. Philosoph

Widerlegt zu werden ist keine Gefahr, wohl aber, nicht verstanden zu werden.
>IMMANUEL KANT
>1724–1804 dt. Philosoph

Gegenüber jeder Aktion steht eine Reaktion.
>SIR ISAAC NEWTON
>1643–1727 engl. Physiker

Wer seinen Willen durchsetzen will, muss leise sprechen.
>JAMES JOYCE
>1882–1941 ir. Schriftsteller

Alle Bosheit kommt von der Schwachheit.
> JEAN JACQUES ROUSSEAU
> 1712–1778 frz./schweizer. Pädagoge,
> Schriftsteller

**Der Charakter offenbart sich nicht an großen Taten;
an Kleinigkeiten zeigt sich die Natur des Menschen.**
> JEAN JACQUES ROUSSEAU
> 1712–1778 frz./schweizer. Pädagoge,
> Schriftsteller

**Die Beleidigungen sind die Argumente jener,
die über keine Argumente verfügen.**
> JEAN JACQUES ROUSSEAU
> 1712–1778 frz./schweizer. Pädagoge,
> Schriftsteller

**Sparmaßnahmen muss man dann ergreifen, wenn man
viel Geld verdient. Sobald man in den roten Zahlen ist, ist es
zu spät.**
> JEAN PAUL GETTY
> 1892–1976 US-Ölindustrieller

**Wir handeln nicht, weil wir erkennen, sondern wir
erkennen, weil wir zum Handeln bestimmt sind.**
> JOHANN GOTTLIEB FICHTE
> 1762–1814 dt. Philosoph

**Wir lehren nicht bloß durch Worte, wir lehren auch
weit eindringlicher durch unser Beispiel.**
> JOHANN GOTTLIEB FICHTE
> 1762–1814 dt. Philosoph

Nichts ist anstrengender, als wenn's immer bergauf geht.
JOHANN NEPOMUK NESTROY
1801–1862 österr. Bühnenautor

**Und weil er uns sonst niederhaut,
drum preisen wir ihn alle laut.**
JOHANN NEPOMUK NESTROY
1801–1862 österr. Bühnenautor

Danach sollst du trachten: Eigene Rechte milde zu üben, fremde Rechte streng zu achten.
JOHANN WOLFGANG VON GOETHE
1742–1832 dt. Schriftsteller

Es bleibt einem jeden immer noch so viel Kraft, das auszuführen, wovon er überzeugt ist.
JOHANN WOLFGANG VON GOETHE
1742–1832 dt. Schriftsteller

Wenn du eine weise Antwort verlangst, musst du vernünftig fragen.
JOHANN WOLFGANG VON GOETHE
1742–1832 dt. Schriftsteller

Vergib deinen Feinden, aber vergiss niemals ihre Namen.
JOHN FITZGERALD KENNEDY
1917–1963 35. US-Präsident

Nicht Sieg sollte der Sinn der Diskussion sein, sondern Gewinn.
JOSEPH JOUBERT
1754–1824 frz. Schriftsteller

Der Friede beginnt im eigenen Haus.
KARL JASPERS
1883–1969 dt. Psychiater und Philosoph

Bewältige eine Schwierigkeit, und du hältst hundert andere von dir fern. KONFUZIUS
551–479 v. Chr., chin. Philosoph

Ohne eine gemeinsame Sprache können die Angelegenheiten der Menschen nicht angemessen geregelt werden.
KONFUZIUS
551–479 v. Chr., chin. Philosoph

Die Aktennotiz ist die Waffe des kleinen Mannes.
KONRAD ADENAUER
1876–1967 erster dt. Bundeskanzler

Machen Sie sich erst einmal unbeliebt, dann werden Sie auch ernst genommen.
KONRAD ADENAUER
1876–1967 erster dt. Bundeskanzler

Erfahrungen vererben sich nicht – jeder muss sie allein machen. KURT TUCHOLSKY
1890–1935 dt. Schriftsteller

Wenn man einen Menschen richtig beurteilen will, so frage man sich immer: Möchtest du den zum Vorgesetzten haben? KURT TUCHOLSKY
1890–1935 dt. Schriftsteller

Andere beherrschen erfordert Kraft.
Sich selbst beherrschen erfordert Stärke.

>   LAOTSE
>   um 300 v. Chr., chin. Philosoph

Der wahrhaft Gelehrte schämt sich nicht,
auch solche zu fragen, die unter ihm stehen.

>   LAOTSE
>   um 300 v. Chr., chin. Philosoph

Verantwortlich ist man nicht nur für das, was man tut,
sondern auch für das, was man nicht tut.

>   LAOTSE
>   um 300 v. Chr., chin. Philosoph

Die Zeit vergeht, das gesprochene Wort aber bleibt.

>   LEW NIKOLAJEWITSCH GRAF TOLSTOI
>   1828–1920 russ. Schriftsteller

Eine Verletzung ist viel schneller vergessen
als eine Beleidigung.

>   PHILIP STANHOPE
>   EARL OF CHESTERFIELD
>   1694–1773 engl. Politiker, Schriftsteller

Wer gehorsam geboren ist,
wird noch auf dem Thron gehorchen.

>   LUC DE CLAPIERS
>   MARQUIS DE VAUVENARGUES
>   1715–1747 frz. Philosoph

Wer stets mit Lob geizt, zeigt damit seine eigene Mittelmäßigkeit.
Luc de Clapiers
Marquis de Vauvenargues
1715–1747 frz. Philosoph

Auf die Absicht aller Dinge, nicht auf den Erfolg blickt der Weise.
Lucius Annaeus Seneca
4 v. Chr.–65 n. Chr., röm. Philosoph, Staatsmann

Einen guten Rat gibt niemand mit lauter Stimme.
Lucius Annaeus Seneca
4 v. Chr.–65 n. Chr., röm. Philosoph, Staatsmann

Es ist nicht zu wenig Zeit, die wir haben, sondern es ist zu viel Zeit, die wir nicht nutzen.
Lucius Annaeus Seneca
4 v. Chr.–65 n. Chr., röm. Philosoph, Staatsmann

Es wächst der Mut bei jedem Blick auf die Größe des Unternehmens.
Lucius Annaeus Seneca
4 v. Chr.–65 n. Chr., röm. Philosoph, Staatsmann

Wenn Feinde fehlen, verkümmert der Mut.
Lucius Annaeus Seneca
4 v. Chr.–65 n. Chr., röm. Philosoph, Staatsmann

Das Geheimnis der Macht besteht darin, zu wissen, dass andere noch feiger sind als wir.
Ludwig Börne
1786–1838 dt. Schriftsteller

Der Schwache kann nicht verzeihen.
Verzeihen ist eine Eigenschaft des Starken.
>> MAHATMA GANDHI
>> 1869–1948 ind. Freiheitskämpfer

Tatsachen muss man erkennen,
bevor man sie verdrehen kann.
>> MARK TWAIN
>> 1835–1910 US-Schriftsteller

Wir lieben die Menschen, die frisch heraus sagen,
was sie denken – falls sie das Gleiche denken wie wir.
>> MARK TWAIN
>> 1835–1910 US-Schriftsteller

Werde also nicht müde, deinen Nutzen zu suchen,
indem du anderen Nutzen gewährst.
>> MARCUS AURELIUS
>> 121–180 röm. Kaiser

Die Menschen verstehen nicht, welch große Einnahmequelle in der Sparsamkeit liegt.
>> MARCUS TULLIUS CICERO
>> 106–43 v. Chr., röm. Redner, Politiker, Philosoph

Es stört mich nicht, was meine Minister sagen –
solange sie tun, was ich ihnen sage.
>> MARGARET THATCHER
>> *1925 engl. Premierministerin

Die Herrschaft über den Augenblick ist die Herrschaft über
das Leben. MARIE VON EBNER-ESCHENBACH
1830–1916 österr. Schriftstellerin

Geistlose kann man nicht begeistern, aber fanatisieren
kann man sie. MARIE VON EBNER-ESCHENBACH
1830–1916 österr. Schriftstellerin

Misstraue deinem Urteil, sobald du darin einen Schatten
eines persönlichen Motivs entdecken kannst.
MARIE VON EBNER-ESCHENBACH
1830–1916 österr. Schriftstellerin

Nicht jene, die streiten, sind zu fürchten, sondern jene,
die ausweichen. MARIE VON EBNER-ESCHENBACH
1830–1916 österr. Schriftstellerin

Überblick haben, koordinieren, Ziele setzen,
Richtung weisen. MARLIES BLOHM-HARRY
*1934 Unternehmerin des Jahres 1986

Du kannst nicht verhindern, dass ein Vogelschwarm
über deinen Kopf hinweg fliegt. Aber du kannst verhindern,
dass er in deinen Haaren nistet.
MARTIN LUTHER
1483–1546 dt. Theologe

Wenn der Mut bleibt und nicht gebrochen wird, so bleibt der
Leib auch stark. MARTIN LUTHER
1483–1546 dt. Theologe

Ein Aufstand ist im Grunde die Sprache der Ungehörten.
MARTIN LUTHER KING, JR.
1929–1968 US-Geistlicher,
Bürgerrechtler

Beurteile einen Menschen lieber nach seinen Handlungen als nach seinen Worten, denn viele handeln schlecht und sprechen vortrefflich.
MATTHIAS CLAUDIUS
1740–1815 dt. Dichter

Sage nicht alles, was du weißt, aber wisse immer, was du sagst.
MATTHIAS CLAUDIUS
1740–1815 dt. Dichter

Wirklich ist, was sich messen lässt.
MAX PLANCK
1858–1947 dt. Physiker, Nobelpreisträger

Wenn einer ein Amt hat und handelt nicht, wie es das Amt verlangt, soll er zurücktreten.
MENGTSE
371–287 v. Chr., chin. Moralist

Das Schlimmste in allen Dingen, das ist die Unentschlossenheit.
NAPOLEON BONAPARTE
1769–1821 frz. Kaiser, Feldherr

Das Volk kann man nur regieren, wenn man ihm eine Zukunft aufzeigt; ein Vorgesetzter ist ein Hoffnungskaufmann.
NAPOLEON BONAPARTE
1769–1821 frz. Kaiser, Feldherr

Der Zufall ist der einzig legitime Herrscher des Universums.
NAPOLEON BONAPARTE
1769–1821 frz. Kaiser, Feldherr

Es gibt keine schlechte Mannschaft. Es gibt nur schlechte Offiziere.
NAPOLEON BONAPARTE
1769–1821 frz. Kaiser, Feldherr

Fürchte nicht die, die nicht mit dir übereinstimmen, sondern die, die nicht mit dir übereinstimmen und zu feige sind, es dir zu sagen.
NAPOLEON BONAPARTE
1769–1821 frz. Kaiser, Feldherr

Ordnung marschiert mit gewichtigen und gemessenen Schritten. Unordnung ist immer in Eile.
NAPOLEON BONAPARTE
1769–1821 frz. Kaiser, Feldherr

Wer zu schmeicheln versteht, versteht auch zu verleumden.
NAPOLEON BONAPARTE
1769–1821 frz. Kaiser, Feldherr

**Nachdem man einen Hügel erklommen hat,
findet man lediglich heraus, dass es noch viele weitere Hügel zu erklimmen gibt.**
NELSON MANDELA
* 1918 südafrik. Anti-Apartheid-Kämpfer,
erster farbiger Präsident Südafrikas

Erfolg zeugt Erfolg.
NICOLAS CHAMFORT
1741–1794 frz. Schriftsteller

Macht ist die einzige Lust, deren man nicht müde wird.
OSCAR WILDE
1854–1900 ir. Schriftsteller

Man soll immer anständig spielen, wenn man die Trümpfe in der Hand hat.
OSCAR WILDE
1854–1900 ir. Schriftsteller

Je stärker wir sind, desto unwahrscheinlicher ist der Krieg.
OTTO EDUARD LEOPOLD
FÜRST V. BISMARCK
1815–1898 erster Reichskanzler

Wenn irgendwo zwischen zwei Mächten ein noch so harmlos aussehender Pakt geschlossen wird, muss man sich sofort fragen, wer hier umgebracht werden soll.
OTTO EDUARD LEOPOLD
FÜRST V. BISMARCK
1815–1898 erster Reichskanzler

Wenn man sagt, dass man einer Sache grundsätzlich zustimmt, so bedeutet es, dass man nicht die geringste Absicht hat, sie in der Praxis durchzuführen.
OTTO EDUARD LEOPOLD
FÜRST V. BISMARCK
1815–1898 erster Reichskanzler

Der Fisch, der einmal vom Haken verletzt wurde, vermutet Haken in jedem Brot.
OVID
43 v. Chr.–17 n. Chr., röm. Dichter

Wer als Werkzeug nur einen Hammer hat,
sieht in jedem Problem einen Nagel.
>   PAUL WATZLAWICK
>   1921–2007 österr. Psychotherapeut,
>   Autor

Wenn man den Ball kontrolliert, kontrolliert man
den Spielstand.
>   PELE
>   *1940 bras. Fußballlegende

Ein Manager ist ein Mann, der genau weiß, was er nicht
kann, und sich dafür die richtigen Leute sucht.
>   PHILIPP ROSENTHAL
>   1916–2001 dt. Industrieller

Wer aufhört, besser zu werden, hört auf, gut zu sein.
>   PHILIPP ROSENTHAL
>   1916–2001 dt. Industrieller

Die Art, wie man gibt, bedeutet mehr, als was man gibt.
>   PIERRE CORNEILLE
>   1606–1648 frz. Dichter

Wer alle Macht hat, muss auch alles fürchten.
>   PIERRE CORNEILLE
>   1606–1648 frz. Dichter

Wer tun kann, was er will, befiehlt, wenn er bittet.
>   PIERRE CORNEILLE
>   1606–1648 frz. Dichter

Gute Menschen brauchen keine Gesetze, um gezeigt zu bekommen, was sie nicht dürfen, während böse Menschen immer einen Weg finden werden, die Gesetze zu umgehen. PLATO
427–347 v. Chr., griech. Philosoph

Es ist ein Beweis hoher Bildung, die größten Dinge auf einfachste Art darzustellen.
RALPH WALDO EMERSON
1803–1882 US-Philosoph

Nichts Großes wurde jemals ohne Begeisterung erreicht.
RALPH WALDO EMERSON
1803–1882 US-Philosoph

Führen ist vor allem das Vermeiden von Demotivation.
REINHARD K. SPRENGER
*1953 dt. Unternehmensberater, Autor, Visionär

Natürlich brauchen mündige Menschen keine Bevormundung, aber sie brauchen klare Strukturen.
REINHARD K. SPRENGER
*1953 dt. Unternehmensberater, Autor, Visionär

Wer das Unternehmen idiotensicher machen will, kriegt nur Idioten. REINHARD K. SPRENGER
*1953 dt. Unternehmensberater, Autor, Visionär

Wenn auch die Fähigkeit zu täuschen ein Zeichen von
Scharfsinn und Macht zu sein scheint, so beweist doch die
Absicht zu täuschen ohne Zweifel Bosheit oder Schwäche.
> RENÉ DESCARTES
> 1596–1650 frz. Philosoph, Mathematiker

Anerkennung gibt dem Streben Nahrung.
> SALLUST
> 86–36 v. Chr., röm. Historiker

Wer heutzutage Karriere machen will,
muss schon ein bisschen Menschenfresser sein.
> SALVADOR DALÍ
> 1904–1989 span. Künstler

Gegen Angriffe kann man sich wehren, gegen Lob ist man
machtlos.
> SIGMUND FREUD
> 1856–1939 österr. Psychoanalytiker

Man sollte Menschen so belehren, als ob man sie
nicht belehrte, und bekannte Dinge so vortragen, als seien
sie nur vergessen.
> SIR KARL RAIMUND POPPER
> 1902–1994 österr./engl. Philosoph,
> Wirtschaftstheoretiker

Behandle deinen Dialogpartner mit Respekt.
> SOKRATES
> 470–399 v. Chr., griech. Philosoph

Es ist nicht wichtig, wer etwas sagt, sondern was er sagt.
> SOKRATES
> 470–399 v. Chr., griech. Philosoph

Führung und Macht

**Halte solange an deinen Überzeugungen fest,
bis dich jemand eines Besseren belehrt.**
> SOKRATES
> 470–399 v. Chr., griech. Philosoph

Ruhe dich nicht auf deinen Talenten aus.
> SOKRATES
> 470–399 v. Chr., griech. Philosoph

Sei stets offen für Gegenargumente.
> SOKRATES
> 470–399 v. Chr., griech. Philosoph

Sei, was du scheinen willst.
> SOKRATES
> 470–399 v. Chr., griech. Philosoph

Wer sich seines Nichtwissens bewusst ist, ist weiser als jener, der glaubt, alles zu wissen.
> SOKRATES
> 470–399 v. Chr., griech. Philosoph

Aber schwer ist es, den Geist eines Sterblichen oder sein Herz kennen zu lernen, solange er nicht als Herrscher erprobt wurde. Erst Macht offenbart den Menschen.
> SOPHOKLES
> 496–405 v. Chr., griech. Dichter

Wir müssen dafür sorgen, dass die Brücke nicht schmäler ist als der Fluss.
> SOPHOKLES
> 496–405 v. Chr., griech. Dichter

... sie wollen reden lernen, ohne ihr Leben zu ändern.
Und die, die sich ändern wollen, kommen nie darauf, beim
Reden anzufangen.
STEN NADOLNY
*1942 dt. Schriftsteller

Ignorieren ist noch keine Toleranz.
THEODOR FONTANE
1819–1898 dt. Schriftsteller

In der Aufstellung unserer Grundsätze sind wir
strenger als in ihrer Befolgung.
THEODOR FONTANE
1819–1898 dt. Schriftsteller

Es ist keine Schande hinzufallen, aber es ist eine Schande,
einfach liegen zu bleiben.
THEODOR HEUSS
1884–1963 deutscher Politiker, erster
Bundespräsident der Bundesrepublik
Deutschland

Wer stark ist, kann sich erlauben, leise zu sprechen.
THEODORE ROOSEVELT
1858–1919 26. US-Präsident,
Nobelpreisträger

Der Weg ist nicht das Ziel, denn das Ziel ist Stillstand.
THOMAS BUBENDORFER
*1962 österr. Extrembergsteiger, Autor

Lob macht gute Menschen besser und schlechte schlauer.
THOMAS FULLER
1608–1661 engl. Schriftsteller, Historiker,
Mönch

Ich glaube, dass jede Unternehmung zum Überleben
und zum Erfolg eine Reihe vernünftiger Leitsätze haben
muss. Ich glaube weiter, dass der wichtigste Faktor
für den unternehmerischen Erfolg die gewissenhafte
Befolgung dieser Leitsätze ist.

> Thomas J. Watson
> 1874–1956 US-Manager,
> Präsident von IBM

Eine schmerzliche Wahrheit ist besser als eine Lüge.

> Thomas Mann
> 1875–1955 dt. Schriftsteller,
> Nobelpreisträger

Der Machtlose entschädigt sich gerne durch die
Überzeugung, ein besserer Mensch zu sein.

> Unbekannt

Ein gutes Beispiel ist der beste Lehrmeister.

> Unbekannt

Ein Starker findet allemal einen Stärkeren,
der ihn verschlingt.

> Unbekannt

Macht bedeutet die Möglichkeit zur eigenen Entscheidung.

> Unbekannt

Je klarer die Zielvorstellung, desto klarer der Erfolg.

> Vera F. Birkenbihl
> *1946 dt. Autorin, Management-Trainerin

Ich mag verdammen, was du sagst, aber ich werde mein
Leben dafür einsetzen, dass du es sagen darfst.
VOLTAIRE
1694–1778 frz. Philosoph

Wenn du Menschen beurteilst, so frage nicht nach
den Wirkungen, sondern nach den Ursachen der Fehler,
die sie machen. WALTHER RATHENAU
1867–1922 dt. Politiker

Das Beste, was eine Führungskraft für ein großartiges
Team tun kann, ist, die Teammitglieder ihre eigene Größe
entdecken zu lassen. WARREN GAMELIEL BENNIS
*1925 US-Wirtschaftswissenschaftler

Dieser Unterschied ist entscheidend: Getrieben
zu werden – wie die meisten Menschen heutzutage –
oder zu führen, wie es nur wenige tun.
WARREN GAMELIEL BENNIS
*1925 US-Wirtschaftswissenschaftler

Wer andere zum Lachen bringen kann, muss
ernst genommen werden; das wissen alle Machthaber.
WERNER FINCK
1902–1978 dt. Schriftsteller, Schauspieler

Wer anderen gar zu wenig traut, hat Angst an allen Ecken;
wer gar zu viel auf andre baut, erwacht mit Schrecken.
WILHELM BUSCH
1832–1908 dt. Dichter

Wirklich, er war unentbehrlich! Überall, wo was geschah ...,
er war tätig, er war da. ... Ohne ihn, da ging es nicht.
Ohne ihn war nichts zu machen, keine Stunde hatt' er frei.
Gestern, als sie ihn begruben, war er richtig auch dabei.

> WILHELM BUSCH
> 1832–1908 dt. Dichter

Sei auf den Weg nach oben nett zu den Menschen, denn du wirst sie auf dem Weg nach unten wieder treffen.

> WILSON MIZNER
> 1876–1933 US-Texter, Unternehmer

Ein kluger Mann macht nicht alle Fehler selbst.
Er gibt auch anderen eine Chance.

> SIR WINSTON CHURCHILL
> 1874–1965 engl. Politiker,
> Nobelpreisträger

Lache nie über die Dummheit der anderen.
Sie ist deine Chance.

> SIR WINSTON CHURCHILL
> 1874–1965 engl. Politiker,
> Nobelpreisträger

Wir sollen Gnade zeigen, aber nicht darum bitten.

> SIR WINSTON CHURCHILL
> 1874–1965 engl. Politiker,
> Nobelpreisträger

Wer da handelt, hat gewöhnlich den Gewinn. Wer alles überlegt und zaudert, der nicht.

> XERXES
> 519–465 v. Chr., altpersischer König des
> Alten Testaments

Jubiläum, Lob und Anerkennung

Persönlichkeiten werden nicht durch schöne Reden
geformt, sondern durch Arbeit und eigene Leistung.
>   ALBERT EINSTEIN
>   1879–1955 dt. Physiker, Nobelpreisträger

Ein gerader Weg führt immer nur ans Ziel.
>   ANDRÉ GIDE
>   1869–1951 frz. Schriftsteller,
>   Nobelpreisträger

Kein Ding ist auf der Welt so hoch und wert zu achten als
Menschen, die mit Fleiß nach keiner Hoheit trachten.
>   ANGELUS SILESIUS
>   1624–1677 dt. Arzt, Priester

Auf Ehre machen große Männer am meisten Anspruch,
und zwar mit Recht.
>   ARISTOTELES
>   384–322 v. Chr., griech. Philosoph

Der Gebildete treibt die Genauigkeit nicht weiter,
als es der Natur der Sache entspricht.
>   ARISTOTELES
>   384–322 v. Chr., griech. Philosoph

Ein Schmeichler ist ein Freund, der dir unterlegen ist oder
vorgibt es zu sein.
>   ARISTOTELES
>   384–322 v. Chr., griech. Philosoph

Es gibt kein großes Genie ohne einen Schuss Verrücktheit.
>   ARISTOTELES
>   384–322 v. Chr., griech. Philosoph

Ein Mensch, der sich ernsthaft ein Ziel gesetzt hat,
wird es auch erreichen.

>BENJAMIN DISRAELI
>1804–1881 engl. Staatsmann

Ehe man zu Ehren kommt, muss man Demut lernen.

>BIBEL

Ehre, dem Ehre gebührt.

>BIBEL

Spieler zu bekommen, das ist leicht.
Sie dazu zu bekommen, dass sie zusammenspielen,
das ist schwer.

>CASEY (CHARLES DILLON) STENGEL
>1890–1975 US-Baseballspieler,
>Manager der Major League

Der Weg ist immer besser als die schönste Herberge.

>MIGUEL DE CERVANTES
>1547–1616 span. Schriftsteller

Der Mann, der den Berg abtrug, war derselbe, der anfing,
kleine Steine wegzutragen.

>CHIN. SPRICHWORT

Der Wetteifer bringt Genies hervor; und der Wunsch,
sich auszuzeichnen, erzeugt die Talente.

>CLAUDE ADRIEN HELVÉTIUS
>1715–1771 frz. Philosoph

Es ist lästig, bei offenkundigen Dingen noch Beweise
beizubringen. DANTE ALIGHIERI
1265–1321 ital. Dichter und Philosoph

Verbindlichkeit ist der menschliche Anspruch an die
Verlässlichkeit. ELFRIEDE HABLÉ
*1934 österr. Musikerin

Man mag drei- oder viertausend Menschen gekannt haben,
man spricht aber immer nur von sechs oder sieben.
ELIAS CANETTI
1905–1994 deutschsprachiger
Schriftsteller, Nobelpreisträger

Die Würde, die in der Bewegung eines Eisberges liegt,
beruht darauf, dass nur ein Achtel von ihm über dem
Wasser ist. ERNEST HEMINGWAY
1899–1961 US-Schriftsteller

Tugend ist wie ein kostbarer Stein – am besten in einfacher
Fassung. SIR FRANCIS BACON
1561–1626 engl. Philosoph,
Lordkanzler

Der Tüchtige sieht in jedem Soll ein Muss.
FRANZ GRILLPARZER
1791–1872 österr. Dichter

Trifft dich des Schicksals Schlag, so mach es wie der Ball.
Je stärker man ihn schlägt, desto höher fliegt er.
FRIEDRICH RÜCKERT
1788–1866 dt. Dichter

Dem Verdienste seine Kronen.
> FRIEDRICH VON SCHILLER
> 1759–1805 dt. Dichter, Dramatiker

Wir beurteilen uns danach, was wir uns zutrauen. Andere beurteilen wir danach, was sie bereits geleistet haben.
> GILBERT KEITH CHESTERTON
> 1874–1936 engl. Schriftsteller

Ganze Sachen sind immer einfach wie die Wahrheit selbst. Nur die halben Sachen sind kompliziert.
> HEIMITO VON DODERER
> 1896–1966 österr. Schriftsteller

Wertvoll an einem Unternehmen sind nur die Menschen, die dafür arbeiten, und der Geist, in dem sie es tun.
> HEINRICH NORDHOFF
> 1899–1968 VW-Vostandsvorsitzender

Die wichtigsten Faktoren eines Unternehmens erscheinen nicht auf der Rechnungsbilanz: sein Ruf und seine Mitarbeiter.
> HENRY FORD
> 1863–1947 US-Industrieller,
> Gründer von Ford

Geburtstage sind die Begrenzungspfosten auf der Straße des Lebens.
> HERMANN LAHM
> *1948 dt. Dichter

Mit dem Altwerden ist es wie mit Auf-einen-Berg-Steigen: Je
höher man steigt, desto mehr schwinden die Kräfte – aber
umso weiter sieht man.

                                                INGMAR BERGMAN
                                                1918–2007 schwed. Regisseur,
                                                Drehbuchautor

Wenn ich weiter als andere gesehen habe,
dann nur deshalb, weil ich auf der Schulter von Giganten
stand.   SIR ISAAC NEWTON
                           1643–1727 engl. Physiker

Fast niemand bemerkt von sich aus das Verdienst
eines anderen.   JEAN DE LA BRUYÈRE
                           1645–1696 frz. Moralist

Wenn man einem Menschen trauen kann,
erübrigt sich ein Vertrag. Wenn man ihm nicht trauen kann,
ist ein Vertrag nutzlos.   JEAN PAUL GETTY
                           1892–1976 US-Ölindustrieller

Alter ist irrelevant, es sei denn, du bist eine Flasche Wein.
                           JOAN COLLINS
                           *1933 US-Schauspielerin

Es ist schön, Verdienste zu haben. Es ist ebenso schön,
Verdienste zu ehren.   JOHANN HEINRICH BERNHARD
                         DRÄSEKE
                         1774–1849 dt. Theologe, evang. Bischof

**Wer sich selbst anspornt, kommt weiter als der,
welcher das beste Ross anspornt.**
>JOHANN HEINRICH PESTALOZZI
>1746–1827 schweizer. Pädagoge,
>Sozialreformer

**Das Gleiche lässt uns in Ruhe, aber der Widerspruch ist es,
der uns produktiv macht.**
>JOHANN WOLFGANG VON GOETHE
>1742–1832 dt. Schriftsteller

**Ein Kranz ist gar viel leichter zu binden,
als ihm ein würdiges Haupt zu finden.**
>JOHANN WOLFGANG VON GOETHE
>1742–1832 dt. Schriftsteller

Man feiere nur, was glücklich vollendet ist.
>JOHANN WOLFGANG VON GOETHE
>1742–1832 dt. Schriftsteller

**Der Verstand kann uns sagen, was wir unterlassen sollen.
Aber das Herz kann uns sagen, was wir tun müssen.**
>JOSEPH JOUBERT
>1754–1824 frz. Schriftsteller

**Der wahre Mut besteht darin, gerade dann Mut zu zeigen,
wenn man nicht mutig ist.**
>JULES RENARD
>1864–1910 frz. Autor

Ich hatte schon immer den Verdacht, dass das Ausblasen
der Kerzen auf der Geburtstagstorte ein getarnter Gesundheitstest für die Versicherung ist.
        KATHARINE HEPBURN
        1907–2003 US-Schauspielerin

An einem edlen Pferd schätzt man nicht seine Kraft,
sondern seinen Charakter.
        KONFUZIUS
        551–479 v. Chr., chin. Philosoph

Die Erfahrungen sind wie die Samenkörner,
aus denen die Klugheit emporwächst.
        KONRAD ADENAUER
        1876–1967 erster dt. Bundeskanzler

Ehrungen, das ist, wenn die Gerechtigkeit ihren
guten Tag hat.   KONRAD ADENAUER
        1876–1967 erster dt. Bundeskanzler

In der Politik geht es nicht darum, Recht zu haben,
sondern Recht zu behalten.
        KONRAD ADENAUER
        1876–1967 erster dt. Bundeskanzler

Je mehr Kerzen deine Geburtstagstorte hat, desto weniger
Atem hast du, um sie auszublasen.
        JEAN COCTEAU
        1889–1963 frz. Regisseur, Dichter, Maler

Kritisiere einen Freund heimlich und lobe ihn öffentlich.
LEONARDO DA VINCI
1452–1519 ital. Maler, Bildhauer,
Universalgenie

Zu einem vollkommenen Menschen gehört die Kraft des Denkens, die Kraft des Willens, die Kraft des Herzens.
LUDWIG FEUERBACH
1804–1872 dt. Philosoph

Stärke wächst nicht aus körperlicher Kraft – vielmehr aus unbeugsamem Willen.
MAHATMA GANDHI
1869–1948 ind. Freiheitskämpfer

Donner ist gut und eindrucksvoll, aber die Arbeit leistet der Blitz.
MARK TWAIN
1835–1910 US-Schriftsteller

Gib jedem Tag die Chance, der schönste deines Lebens zu werden.
MARK TWAIN
1835–1910 US-Schriftsteller

Ein Merkmal großer Menschen ist, dass sie an andere weit geringere Anforderungen stellen als an sich selbst.
MARIE VON EBNER-ESCHENBACH
1830–1916 österr. Schriftstellerin

Was noch zu leisten ist, das bedenke, was du schon geleistet hast, das vergiss.
MARIE VON EBNER-ESCHENBACH
1830–1916 österr. Schriftstellerin

**Die Ehre ist ein geistiger Besitz des Menschen.
Ein Besitz, welcher dadurch erworben wird,
dass man solche Handlungen setzt, welche die Achtung
der Welt verdienen.** MAX HAUSHOFER
1840–1907 dt. Schriftsteller

Die Hartnäckigen gewinnen die Schlachten.
NAPOLEON BONAPARTE
1769–1821 frz. Kaiser, Feldherr

**Den Zufall gibt die Vorsehung – zum Zwecke muss ihn der
Mensch gestalten.** NICOLAS CHAMFORT
1741–1794 frz. Schriftsteller

**Es ist nicht einfach, perfekt zu sein, aber irgendeiner
muss es sein.** NIKI LAUDA
*1949 österr. Rennfahrer, Unternehmer

**Ein bisschen Freundschaft ist mir mehr wert als
die Bewunderung der ganzen Welt.**
OTTO EDUARD LEOPOLD,
FÜRST V. BISMARCK
1815–1898 erster Reichskanzler

Es dauert sehr lange, bis man jung wird.
PABLO PICASSO
1881–1973 span. Maler, Bildhauer

**Fordere kein lautes Anerkennen. Könne was, und man wird
dich kennen.** PAUL JOHANN LUDWIG VON HEYSE
1830–1914 dt. Schriftsteller,
Nobelpreisträger

Erst die Möglichkeit, einen Traum zu verwirklichen,
macht unser Leben lebenswert.
>
> PAULO COELHO
> *1947 bras. Schriftsteller

Die Jugend soll ihre eigenen Wege gehen, aber ein paar
Wegweiser können nicht schaden.
>
> PEARL S. BUCK
> 1892–1973 US-Schriftstellerin,
> Nobelpreisträgerin

Nur Pessimisten schmieden das Eisen, solange es heiß ist.
Optimisten vertrauen darauf, dass es nicht erkaltet.
>
> PETER BAMM
> 1897–1975 dt. Schriftsteller

Tätig ist man immer mit einem gewissen Lärm.
Wirken geht in der Stille vor sich.
>
> PETER BAMM
> 1897–1975 dt. Schriftsteller

Wer nicht schon in der Arbeit Genugtuung findet,
der wird nie zur Zufriedenheit gelangen.
>
> PETER ROSEGGER
> 1843–1918 österr. Schriftsteller

Dein wertvollster Besitz sind nicht deine Finanzlagen.
Dein wertvollster Besitz sind die Menschen, die für dich
arbeiten, und das, was sie in ihren Köpfen haben, und ihre
Fähigkeiten, zusammenzuarbeiten.
>
> ROBERT BERNARD REICH
> *1946 US-Lehrer, ehm. Staatssekretär

Alt werden ist natürlich kein reines Vergnügen.
Aber denken wir einmal an die einzige Alternative!

> ROBERT LEMBKE
> 1913–1989 dt. Journalist, Moderator

… und wie wohl tut ein Wort zur rechten Zeit.

> SALOMO
> um 965–925 v. Chr., König von Juda und Israel, Sohn Davids

Jung ist man, solange man imstande ist,
den eigenen Geburtstag zu vergessen.

> SOPHIA LOREN
> *1934 ital. Schauspielerin

Achtung verdient, wer erfüllt, was er vermag.

> SOPHOKLES
> 496–405 v. Chr., griech. Dichter

Unvergängliche Werte unterliegen keinen Kursschwankungen. Sie werden nicht notiert.

> STANISLAW JERZEY LEC
> 1909–1966 poln. Schriftsteller

Je älter ich werde, desto intensiver lebe ich und desto mehr registriere ich, was ich erreicht habe.

> STEFFI (STEFANIE MARIA) GRAF
> *1969 dt. Tennisspielerin

Die Talente sind oft gar nicht so ungleich, im Fleiß und im Charakter liegen die Unterschiede.

> THEODOR FONTANE
> 1819–1898 dt. Schriftsteller

Nicht die Größe der Aufgabe entscheidet, sondern das Wie, mit dem wir die kleinste zu lösen verstehen.
THEODOR FONTANE
1819–1898 dt. Schriftsteller

Ich war nicht entmutigt, weil jeder als falsch verworfene Versuch ein weiterer Schritt vorwärts war.
THOMAS ALVA EDISON
1847–1931 US-Erfinder

Die Umgebung, in der der Mensch sich den größten Teil des Tages aufhält, bestimmt seinen Charakter.
THOMAS VON AQUIN
um 1270 ital. Theologe und Philosoph

Dieser Mensch soll mit Gold aufgewogen werden.
TITUS MACCIUS PLAUTUS
250–184 v. Chr., röm. Dichter

Doppelt lebt, wer auch Vergangenes genießt.
UNBEKANNT

Es gibt keine größere Macht als einen entschlossenen Menschen.
UNBEKANNT

Glücklich ist, wer ein Ziel hat und ein neues findet, wenn er das alte erreicht hat.
WILLI MÖBUS
1890–1970 dt. Wissenschaftsredakteur,
Mitbegründer von TELI e.V.

Kampf und Sieg

Denke immer daran, dass deine eigene Entschlossenheit zu siegen wichtiger ist als alles andere.
ABRAHAM LINCOLN
1809–1865 16. US-Präsident

Wenn die Gefahr weit weg ist, ist es leicht, mutig zu sein.
AESOP
um 600 v. Chr., gr. Dichter

Wer entschlossen ist und dem Feind dreist zu Leibe geht, der hat schon den halben Sieg.
ALEXANDER WASSILJEWITSCH SUWOROW
1729–1800 russ. Feldherr

Es ist besser, für etwas zu kämpfen als gegen etwas.
AMOS BRONSON ALCOTT
1799–1888 US-Philosoph, Pädagoge

Rebell ist man, wenn man unterliegt. Die Sieger sind nie Rebellen.
ANATOLE FRANCE
1844–1924 frz. Historiker, Lyriker, Nobelpreisträger

Es gibt alte Piloten und es gibt kühne Piloten. Aber es gibt keinen alten kühnen Piloten.
ANDRÉ KOSTOLANY
1906–1999 ungar./amerik. Börsenexperte

Kampf und Sieg

**Je mehr Bürger mit Zivilcourage ein Land hat,
desto weniger Helden wird es einmal brauchen.**
ANNA MAGNANI
1908–1973 ital. Schauspielerin

**Zu erkennen, wann es eine Gelegenheit zu ergreifen gilt,
ist das Wichtigste im Leben; aber fast ebenso wichtig ist es,
zu wissen, wann man auf einen Vorteil besser verzichtet.**
BENJAMIN DISRAELI
1804–1881 engl. Staatsmann

Kleine Schläge fällen große Eichen.
BENJAMIN FRANKLIN
1760–1790 US-Staatsmann

**Wer kämpft, kann verlieren.
Wer nicht kämpft, hat schon verloren.**
BERTOLT BRECHT
1898–1956 dt. Schriftsteller

**Wer sich vorbereitet hat, hat bereits die halbe Schlacht
gewonnen.**
MIGUEL DE CERVANTES
1547–1616 span. Schriftsteller

**Die Säugetiere haben die Dinosaurier verdrängt,
weil sie schneller, kleiner und aggressiver waren.**
CHARLES DARWIN
1809–1882 engl. Naturwissenschaftler

Wir müssen zermalmen oder werden zermalmt.
CHARLES DICKENS
1812–1870 engl. Schriftsteller

Trotze, so bleibt dir der Sieg.
>CHRISTIAN FRIEDRICH HEBBEL
>1813–1863 dt. Dichter

Aktivität ist nun einmal die Mutter des Erfolgs.
>CLAUDE ADRIEN HELVÉTIUS
>1715–1771 frz. Philosoph

Wer Schwierigkeiten überwinden will, tue dies, bevor sie auftauchen.
>DU MU
>803–852 chin. Sekretär des Großen
>Rates, Tang Dynastie

Bei der Vorbereitung auf eine Schlacht habe ich stets festgestellt, dass Pläne nutzlos sind, das Planen aber unverzichtbar ist.
>DWIGHT D. EISENHOWER
>1890–1969 34. US-Präsident,
>Oberbefehlshaber Alliierte Streitkräfte

Genau die Kraft, die gefehlt hat, um einen Sieg zu erringen, braucht man, um eine Niederlage zu verkraften.
>ERNST HAUSCHKA
>*1926 dt. Lyriker

Ein steter Kampf ist unser Leben.
>EURIPIDES
>480–406 v. Chr., gr. Dichter

Ohne Kraft erreicht man nichts, und Kraft muss man durch Kraft erlangen.
Fjodor Michailowitsch Dostojewski
1821–1881 russ. Schriftsteller

Zeig mir einen Helden, und ich schreibe dir eine Tragödie.
Francis Scott Fitzgerald
1896–1940 US-Schriftsteller

Das Einzige, was wir zu fürchten haben, ist die Furcht selbst.
Franklin Delano Roosevelt
1882–1945 32. US-Präsident

Besiegt ist nur, wer den Mut verliert.
Sieger ist jeder, der weiterkämpfen will.
Franz von Sales
1567–1622 ital. Heiliger,
Gründer des Ordens der Salesianerinnen,
Bischof von Genf

Du musst jeden Tag auch deinen Feldzug gegen dich selber führen.
Friedrich Nietzsche
1844–1900 dt. Philosoph

Man muss sich vor dem Siege über Vorgesetzte hüten.
Friedrich Rückert
1788–1866 dt. Dichter

Nur durch Kampf gewinnt man Siege.
Friedrich von Bodenstedt
1819–1892 dt. Schriftsteller

Kein Sieger glaubt an den Zufall.
>   Friedrich Nietzsche
>   1844–1900 dt. Philosoph

**Nicht, dass du die Götzen umwarfst, dass du
die Götzendiener in dir umwarfst – das war dein Mut.**
>   Friedrich Nietzsche
>   1844–1900 dt. Philosoph

**Nirgends klingen falsche Musik und krumme Töne besser,
als wenn es gegen einen gemeinsamen Feind geht.**
>   Friedrich Nietzsche
>   1844–1900 dt. Philosoph

**Wer keine Hoffnung hat, in einem Kampfe zu siegen,
oder ersichtlich unterlegen ist, will umso mehr, dass die Art
seines Kämpfens bewundert werde.**
>   Friedrich Nietzsche
>   1844–1900 dt. Philosoph

Heldenhaftigkeit ist eine Todesart, keine Lebensart.
>   Gabriel Laub
>   1928–1998 poln. Schriftsteller

**Der schnellste Weg, einen Krieg zu beenden,
ist ihn zu verlieren.** George Orwell
>   1903–1950 engl. Schriftsteller, Journalist

**Wer auf den Krieg vorbereitet ist, kann den Frieden
am besten wahren.** George Washington
>   1732–1799 erster US-Präsident

Nur die Sache ist verloren, die man aufgibt.

> GOTTHOLD EPHRAIM LESSING
> 1729–1781 dt. Dichter

**Man kämpft nicht nur mit dem Schwert,
sondern auch mit dem Herzen.**

> GUSTAV STRESEMANN
> 1878–1929 dt. Politiker, Reichskanzler

**Die Schwierigkeiten, einen Befehlshaber zu bestimmen,
sind heute die gleichen wie in alten Zeiten.**

> HE YANXI
> um 1050 chin. Feldherr

**Vorteil und Nachteil verstärken einander wechselseitig.
Der Erleuchtete durchdenkt sie wohl.**

> HE YANXI
> um 1050 chin. Feldherr

Wer einmal trifft, ist noch kein Schütze.

> HEINRICH HEINE
> 1797–1856 dt. Dichter

**Will man angreifen, so muss es mit Entschiedenheit
geschehen.**

> HELMUT KARL GRAF VON MOLTKE
> 1800–1891 dt. Generalfeldmarschall

Auf einfache Wege schickt man nur die Schwachen.

> HERMANN HESSE
> 1877–1962 dt. Schriftsteller

Deine Sache wird gefährdet, wenn das Nachbarhaus brennt.
HORAZ
65–8 v. Chr., röm. Dichter

Ich kann, weil ich will, was ich muss.
IMMANUEL KANT
1724–1804 dt. Philosoph

Alle Kraft der Menschen wird erworben durch Kampf mit sich selbst und Überwindung seiner selbst.
JOHANN GOTTLIEB FICHTE
1762–1814 dt. Philosoph

Die Kraft des Gemütes ist es, welche Siege erkämpft.
JOHANN GOTTLIEB FICHTE
1762–1814 dt. Philosoph

Niemand kann für eine Sache kämpfen, ohne sich Feinde zu machen.
JOHANN JAKOB ENGEL
1741–1802 dt. Philosoph

Ein kleiner Feind, das lerne fein, will durch Geduld ermüdet sein.
JOHANN WOLFGANG VON GOETHE
1742–1832 dt. Schriftsteller

Zu allem Großen ist der erste Schritt der Mut.
JOHANN WOLFGANG VON GOETHE
1742–1832 dt. Schriftsteller

**Schilde besiegen Schilde,
Diamanten beschneiden Diamanten.**
                        JUAN RUIZ DE ALARCÓN
                        um 1580–1640 span. Dramatiker

Lieber der Erste hier als der Zweite in Rom.
                        GAIUS JULIUS CÄSAR
                        100–44 v. Chr., röm. Feldherr

**Der Anführer eines großen Heeres kann besiegt werden.
Aber den festen Entschluss eines einzigen kannst du nicht
wankend machen.**   KONFUZIUS
                        551–479 v. Chr., chin. Philosoph

**Wenn die anderen glauben, man ist am Ende, so muss man
erst richtig anfangen.**   KONRAD ADENAUER
                        1876–1967 erster dt. Bundeskanzler

**Ein guter Mensch erringt einen Sieg und belässt es dabei.
Er geht nicht zu Gewalttaten über.**
                        LAOTSE
                        um 300 v. Chr., chin. Philosoph

Der Wille öffnet die Türen zum Erfolg.
                        LOUIS PASTEUR
                        1822–1895 frz. Chemiker, Mikrobiologe

Zu leben heißt zu kämpfen.
                        LUCIUS ANNAEUS SENECA
                        4 v. Chr.–65 n. Chr., röm. Philosoph,
                        Staatsmann

**Was man mit Gewalt gewinnt,
kann man nur mit Gewalt behalten.**
MAHATMA GANDHI
1869–1948 ind. Freiheitskämpfer

**Man vergisst vielleicht, wo man die Friedenspfeife
vergraben hat. Aber man vergisst niemals, wo das Beil liegt.**
MARK TWAIN
1835–1910 US-Schriftsteller

**Eine Frau, die ihren Widerstand aufgibt,
geht zum Angriff über.** MARCELLO MASTROIANNI
1924–1996 ital. Schauspieler

**Oft tut auch der Unrecht, der nichts tut. Wer das Unrecht
nicht verbietet, wenn er kann, der befiehlt es.**
MARCUS AURELIUS
121–180 röm. Kaiser

**Cäsar ist großzügig. Er ehrt seinen Gegner, aber nicht,
bevor er ihn erschlagen hat.**
MARCUS TULLIUS CICERO
106–43 v. Chr., röm. Redner,
Politiker, Philosoph

Ich kämpfe weiter, ich kämpfe um zu gewinnen.
MARGARET THATCHER
*1925 engl. Premierministerin

**Manchmal muss man eine Schlacht mehrmals austragen,
um sie zu gewinnen.** MARGARET THATCHER
*1925 engl. Premierministerin

Kampf und Sieg

Was man zu verstehen gelernt hat, fürchtet man nicht mehr.
> MARIE CURIE
> 1867–1934 poln./franz. Physikerin,
> Nobelpreisträgerin

Siege, aber triumphiere nicht.
> MARIE VON EBNER-ESCHENBACH
> 1830–1916 österr. Schriftstellerin

Vertrauen ist Mut, und Treue ist Kraft.
> MARIE VON EBNER-ESCHENBACH
> 1830–1916 österr. Schriftstellerin

Wer in seinem Ziel nicht klar ist, kann nicht auf seinen Gegner reagieren.
> MENG
> um 1000 chin. Feldherr

Schweb' wie ein Schmetterling, stich wie eine Biene.
> MUHAMMAD ALI
> *1942 US-Boxweltmeister

Ein wirklicher Mann hasst niemanden.
> NAPOLEON BONAPARTE
> 1769–1821 frz. Kaiser, Feldherr

Im Krieg ist die Kühnheit der beste Schachzug des Genies.
> NAPOLEON BONAPARTE
> 1769–1821 frz. Kaiser, Feldherr

Krieg ist leichter angefangen als beendet.
> NAPOLEON BONAPARTE
> 1769–1821 frz. Kaiser, Feldherr

Kriegsräte sind nur eine Entschuldigung für Feigheit.
Solange ich den Oberbefehl habe, wird es keine geben.
NAPOLEON BONAPARTE
1769–1821 frz. Kaiser, Feldherr

Revolution ist eine Meinung, die auf Bajonette trifft.
NAPOLEON BONAPARTE
1769–1821 frz. Kaiser, Feldherr

Störe deinen Feind nie, wenn er gerade Fehler macht.
NAPOLEON BONAPARTE
1769–1821 frz. Kaiser, Feldherr

Um den endgültigen Sieg davonzutragen,
muss man rücksichtslos sein.
NAPOLEON BONAPARTE
1769–1821 frz. Kaiser, Feldherr

Ein mutiger Mensch ist nicht einer, der keine Angst hat,
sondern einer, der die Angst besiegt.
NELSON MANDELA
* 1918 südafrik. Anti-Apartheid-Kämpfer,
erster farbiger Präsident Südafrikas

Es ist unklug, immer den Sieg davontragen zu wollen.
NICCOLÓ MACHIAVELLI
1469–1527 ital. Politiker

Man kann einen Krieg beginnen, aber niemals beenden,
wenn man will.
NICCOLÓ MACHIAVELLI
1469–1527 ital. Politiker

In der Wahl seiner Feinde kann der Mensch nicht vorsichtig
genug sein. OSCAR WILDE
1854–1900 ir. Schriftsteller

Talent ist einfach nicht genug. Worauf es wirklich ankommt,
ist das Stehvermögen. OSKAR KOKOSCHKA
1886–1980 österr. Maler, Schriftsteller

Kampf ist überall, ohne Kampf kein Leben.
Und wollen wir weiterleben, so müssen wir auch
auf weitere Kämpfe gefasst sein.
OTTO EDUARD LEOPOLD
FÜRST V. BISMARCK
1815–1898 erster Reichskanzler

Wer seine Feinde durch Konzessionen kaufen will,
ist niemals reich genug dazu.
OTTO EDUARD LEOPOLD
FÜRST V. BISMARCK
1815–1898 erster Reichskanzler

Die geschickteste Art, einen Konkurrenten zu besiegen,
ist, ihn in dem zu bewundern, worin er besser ist.
PETER ALTENBERG
1859–1919 österr. Schriftsteller

Ein jeder Mann von Mut ist auch ein Mann von Wort.
PIERRE CORNEILLE
1606–1648 frz. Dichter

Und endlich schwieg der Kampf, weil Kämpfer
nicht mehr waren. PIERRE CORNEILLE
1606–1648 frz. Dichter

Seid im Sieg nicht überheblich.
> Plato
> 427–347 v. Chr., griech. Philosoph

Das einzige Gewaltmittel, das zum Sieg führen wird, ist die politische Aufklärung im alltäglichen Kampf.
> Rosa Luxemburg
> 1871–1919 poln./dt. Zeitkritikerin, Autorin

Am morgen ist der Kampfgeist kühn, am Tag lahmt er, und am Abend ziehen die Gedanken heimwärts.
> Sun Zi
> um 500 v. Chr., chin. Feldherr, Stratege

Der Haken an Maßnahmen ist die Notwendigkeit, sie an die Pläne der Gegner anzupassen.
> Sun Zi
> um 500 v. Chr., chin. Feldherr, Stratege

Er schwächt sie, indem er sie ständig beschäftigt und sie scheinbaren Vorteilen hintergangen lässt.
> Sun Zi
> um 500 v. Chr., chin. Feldherr, Stratege

In hoffnungsloser Lage musst du kämpfen.
> Sun Zi
> um 500 v. Chr., chin. Feldherr, Stratege

Am Mute hängt der Erfolg.
> Theodor Fontane
> 1819–1898 dt. Schriftsteller

Wenn ich beim Aufstieg an den Gipfel denke, habe ich schlechte Chancen, ihn zu erreichen.
THOMAS BUBENDORFER
*1962 österr. Extrembergsteiger, Autor

Der Preis der Freiheit ist ewige Wachsamkeit.
THOMAS JEFFERSON
1743–1826 3. US-Präsident

Mut verloren, alles verloren.
UNBEKANNT

Kann ich die Götter nicht erweichen, so setze ich die Hölle in Bewegung.
VERGIL
70–19 v. Chr., röm. Dichter

Lieber von einem Löwen gefressen als von 1000 Ratten.
VOLTAIRE
1694–1778 frz. Philosoph

Große Siege werden ohne Risiken nicht errungen.
XERXES
519–465 v. Chr., altpersischer König des Alten Testaments

Erkennst du den Weg, dann handle und warte nicht auf Anweisungen.
ZHANG YU
um 800 chin. Feldherr, Song-Dynastie

Klassiker

Die Wahrheit liegt immer in der Mitte.
ADOLPH FREIHERR VON KNIGGE
1752–1796 dt. Schriftsteller

Eine Schwalbe macht noch keinen Sommer.
AESOP
um 600 v. Chr., gr. Dichter

Zwei Dinge sind unendlich, das Universum und die menschliche Dummheit, aber bei dem Universum bin ich mir noch nicht ganz sicher.
ALBERT EINSTEIN
1879–1955 dt. Physiker, Nobelpreisträger

Das Ganze ist mehr als die Summe seiner Teile.
ARISTOTELES
384–322 v. Chr., griech. Philosoph

Glück ist Selbstgenügsamkeit.
ARISTOTELES
384–322 v. Chr., griech. Philosoph

Unsere Jugend ist unerträglich, unverantwortlich und entsetzlich anzusehen (ich habe überhaupt keine Hoffnung mehr für die Zukunft unseres Landes, wenn einmal unsere heutige Jugend die Männer von morgen stellt).
ARISTOTELES
384–322 v. Chr., griech. Philosoph

Wir sind, was immer wir tun.
ARISTOTELES
384–322 v. Chr., griech. Philosoph

Watson, ich kombiniere.

> SIR ARTHUR CONAN DOYLE
> 1859–1930 engl. Arzt, Kriminalbuchautor

Rom hat gesprochen, die Sache ist erledigt.

> AUGUSTINUS AURELIUS
> 354–430 röm. Theologe, Bischof, Heiliger

Wo das Wissen aufhört, fängt der Glaube an.

> AUGUSTINUS AURELIUS
> 354–430 röm. Theologe, Bischof, Heiliger

In dieser Welt gibt es nichts Sicheres außer dem Tod und den Steuern.

> BENJAMIN FRANKLIN
> 1760–1790 US-Staatsmann

Mit kleinen Hieben fällt man auch große Bäume.

> BENJAMIN FRANKLIN
> 1760–1790 US-Staatsmann

Wer sich nicht raten lässt, dem ist nicht zu helfen.

> BENJAMIN FRANKLIN
> 1760–1790 US-Staatsmann

Zeit ist Geld.

> BENJAMIN FRANKLIN
> 1760–1790 US-Staatsmann

Stell dir vor, es ist Krieg und keiner geht hin – dann kommt der Krieg zu Euch. Wer zu Hause bleibt, wenn der Kampf beginnt, und lässt andere kämpfen für seine Sache, der muss sich vorsehen: Denn wer den Kampf nicht geteilt hat, der wird teilen die Niederlage. Nicht einmal Kampf vermeidet, wer den Kampf vermeiden will, denn er wird kämpfen für die Sache des Feindes, wer für seine eigene Sache nicht gekämpft hat).
BERTOLT BRECHT
1898–1956 dt. Schriftsteller

Der Mensch ist, was er denkt.
CHRISTIAN FRIEDRICH HEBBEL
1813–1863 dt. Dichter

Ihr wollt meinen Platz wissen? Überall, wo gekämpft wird!
CHRISTIAN MORGENSTERN
1871–1914 dt. Dichter, Schriftsteller

Weil nicht sein kann, was nicht sein darf.
CHRISTIAN MORGENSTERN
1871–1914 dt. Dichter, Schriftsteller

Hätte ich nicht so eisern gespart, wäre ich nie der reichste Mann der Welt geworden.
DAGOBERT DUCK
*1947 US-Comicfigur (Vermögen rd. 50 Fantastilliarden Taler)

Adel verpflichtet.
JACQUES DE LÉVIS
1554–1578 frz. Königsberater, General

Klassiker

Was wir möchten, das glauben wir gern.
>   DEMOSTHENES
>   384–322 v. Chr., griech. Redner

Ich werde euch einen Kopf kürzer machen.
>   ELISABETH I.
>   1533–1603 engl. Königin, zweite Königin
>   auf dem Thron Englands

Was zu beweisen war (quod erat demonstrandum).
>   EUKLID
>   um 300 v. Chr., gr. Mathematiker

Ein weiser Mann folgt nur sich selbst.
>   EURIPIDES
>   480–406 v. Chr., gr. Dichter

Wissen ist Macht.
>   SIR FRANCIS BACON
>   1561–1626 engl. Philosoph, Lordkanzler

**Ich stehe Statistiken etwas skeptisch gegenüber.
Denn laut Statistik haben ein Millionär und ein armer Kerl
jeder eine halbe Million.**
>   FRANKLIN DELANO ROOSEVELT
>   1882–1945 32. US-Präsident

Alle Menschen sind gleich, nur manche sind gleicher.
>   FRANZ KAFKA
>   1883–1924 deutschsprachiger
>   Schriftsteller

Was mich nicht umbringt, macht mich härter.
>   FRIEDRICH NIETZSCHE
>   1844–1900 dt. Philosoph

Und sie bewegt sich doch.
>   GALILEO GALILEI
>   1564–1642 ital. Physiker, Astronom, Mathematiker

Geld ist nichts. Aber viel Geld, das ist etwas anderes.
>   GEORGE BERNARD SHAW
>   1856–1950 ir. Dramatiker

Die Feder ist mächtiger als das Schwert.
>   GEORGE HOLBROOK JACKSON
>   1874–1948 engl. Journalist, Autor

Big brother is watching you.
>   GEORGE ORWELL
>   1903–1950 engl. Schriftsteller, Journalist

Wir sitzen alle im selben Boot.
>   GILBERT KEITH CHESTERTON
>   1874–1936 engl. Schriftsteller

Tu, was du nicht lassen kannst.
>   GOTTHOLD EPHRAIM LESSING
>   1729–1781 dt. Dichter

Der Zeit ihre Kunst, der Kunst ihre Freiheit.
>   GUSTAV KLIMT
>   1862–1918 österr. Maler

Wenn die Welt einmal untergehen sollte, ziehe ich nach Wien; denn da passiert alles 50 Jahre später.

>   GUSTAV MAHLER
>   1860–1911 österr. Komponist, Dirigent, Operndirektor

Es gibt nichts Stilleres als eine geladene Kanone.

>   HEINRICH HEINE
>   1797–1856 dt. Dichter

Ich bin das Schwert, ich bin die Flamme.

>   HEINRICH HEINE
>   1797–1856 dt. Dichter

Wenn es den Kaiser juckt, so müssen sich die Völker kratzen.

>   HEINRICH HEINE
>   1797–1856 dt. Dichter

Fünfzig Prozent bei der Werbung sind immer rausgeworfen. Man weiß aber nicht, welche Hälfte das ist.

>   HENRY FORD
>   1863–1947 US-Industrieller, Gründer von Ford

Wer nicht wirbt, stirbt.

>   HENRY FORD
>   1863–1947 US-Industrieller, Gründer von Ford

Alles fließt (und nichts bleibt).

>   HERAKLIT VON EPHESUS
>   um 530–480 v. Chr., griech. Philosoph

Dem wachsenden Vermögen folgt die Sorge.
                        HORAZ
                        65–8 v. Chr., röm. Dichter

Frisch gewagt ist halb gewonnen.
                        HORAZ
                        65–8 v. Chr., röm. Dichter

Jeder Krämer lobt seine Ware.
                        HORAZ
                        65–8 v. Chr., röm. Dichter

Nütze den Tag (Carpe Diem).
                        HORAZ
                        65–8 v. Chr., röm. Dichter

Die Schöpfung ist nicht das Werk von einem Augenblick.
                        IMMANUEL KANT
                        1724–1804 dt. Philosoph

Über Geschmack lässt sich nicht streiten.
                        IMMANUEL KANT
                        1724–1804 dt. Philosoph

Die Phönizier haben das Geld erfunden – aber warum so wenig?   JOHANN NEPOMUK NESTROY
                        1801–1862 österr. Bühnenautor

Erlaubt ist, was gefällt.
                        JOHANN WOLFGANG VON GOETHE
                        1742–1832 dt. Schriftsteller

Was ich nicht weiß, macht mich nicht heiß.
(Und was ich weiß, macht mich heiß, wenn ich nicht wüsste,
wie's werden müsste). JOHANN WOLFGANG VON GOETHE
1742–1832 dt. Schriftsteller

Alle freien Menschen, wo immer sie leben mögen,
sind Bürger dieser Stadt West-Berlin, und deshalb bin
ich als freier Mann stolz darauf, sagen zu können:
„Ich bin ein Berliner".

JOHN FITZGERALD KENNEDY
1917–1963 35. US Präsident

Wann, wenn nicht jetzt? Wo, wenn nicht hier?
Wer, wenn nicht wir? JOHN FITZGERALD KENNEDY
1917–1963 35. US Präsident

Die Würfel sind gefallen.

GAIUS JULIUS CÄSAR
100–44 v. Chr., röm. Feldherr

Gern glauben die Menschen das, was sie glauben wollen.

GAIUS JULIUS CÄSAR
100–44 v. Chr., röm. Feldherr

Ich kam, ich sah, ich siegte. (Veni, vidi, vici.)

GAIUS JULIUS CÄSAR
100–44 v. Chr., röm. Feldherr

Ich kam, sah, Gott aber überwand.

KARL V.
1500–1558 Kaiser des Hl. Röm. Reiches

Der Weg ist das Ziel.
> Konfuzius
> 551–479 v. Chr., chin. Philosoph

Angestrichen ist nicht gemalt.
> Leonardo da Vinci
> 1452–1519 ital. Maler, Bildhauer,
> Universalgenie

Der Mensch ist das Modell der Welt.
> Leonardo da Vinci
> 1452–1519 ital. Maler, Bildhauer,
> Universalgenie

Eine Hand wäscht die andere.
> Lucius Annaeus Seneca
> 4 v. Chr.–65 n. Chr., röm. Philosoph,
> Staatsmann

Nichts ist unendlich.
> Lucius Annaeus Seneca
> 4 v. Chr.–65 n. Chr., röm. Philosoph,
> Staatsmann

Der Mensch ist, was er isst.
> Ludwig Feuerbach
> 1804–1872 dt. Philosoph

Mit dem Rauchen aufzuhören ist kinderleicht.
Ich habe es schon hundertmal geschafft.
> Mark Twain
> 1835–1910 US-Schriftsteller

Ich habe nicht die Hälfte von dem erzählt, was ich gesehen habe, weil keiner mir geglaubt hätte.
MARCO POLO
1254–1324 ital. Seefahrer, Entdecker

Ich bin, was ich denke.
MARCUS AURELIUS
121–180 röm. Kaiser

Das öffentliche Wohl soll das oberste Gesetz sein.
MARCUS TULLIUS CICERO
106–43 v. Chr., röm. Redner, Politiker, Philosoph

Wie du gesät hast, so wirst du ernten.
MARCUS TULLIUS CICERO
106–43 v. Chr., röm. Redner, Politiker, Philosoph

Hilf mir, es selbst zu tun.
MARIA MONTESSORI
1870–1952 ital. Ärztin, Reformpädagogin

I have a dream!
MARTIN LUTHER KING, JR.
1929–1968 US-Geistlicher, Bürgerrechtler

Aus nichts wird nichts, das merke wohl, wenn aus dir was werden soll.
MATTHIAS CLAUDIUS
1740–1815 dt. Dichter

Jeder ist seines Glückes Schmied.
>MATTHIAS CLAUDIUS
>1740–1815 dt. Dichter

Die Kugel, die mich töten will, ist noch nicht gegossen.
>NAPOLEON BONAPARTE
>1769–1821 frz. Kaiser, Feldherr

Ein Kopf ohne Gedächtnis ist eine Festung ohne Besatzung.
>NAPOLEON BONAPARTE
>1769–1821 frz. Kaiser, Feldherr

Ein Mann braucht sechs Stunden Schlaf, eine Frau sieben Stunden. Nur Narren und Kinder brauchen acht Stunden.
>NAPOLEON BONAPARTE
>1769–1821 frz. Kaiser, Feldherr

Eine Frau, ein Gewehr und einen Gaul darf man nicht ausleihen.
>NAPOLEON BONAPARTE
>1769–1821 frz. Kaiser, Feldherr

Dies ist ein kleiner Schritt für einen Menschen, aber ein gewaltiger Sprung für die Menschheit.
>NEIL ALDEN ARMSTRONG
>*1930 US-Testpilot, Astronaut,
>erster Mensch am Mond

Aufgeschoben ist nicht aufgehoben.
>OVID
>43 v. Chr.–17 n. Chr., röm. Dichter

Doppelt hält besser.

> Ovid
> 43 v. Chr.–17 n. Chr., röm. Dichter

Einmal ist keinmal.

> Ovid
> 43 v. Chr.–17 n. Chr., röm. Dichter

Früh übt sich, was ein Meister werden will.

> Ovid
> 43 v. Chr.–17 n. Chr., röm. Dichter

Gut Ding braucht Weile.

> Ovid
> 43 v. Chr.–17 n. Chr., röm. Dichter

Jedes Ding hat zwei Seiten.

> Ovid
> 43 v. Chr.–17 n. Chr., röm. Dichter

Man muss das Eisen schmieden, solange es heiß ist.

> Ovid
> 43 v. Chr.–17 n. Chr., röm. Dichter

Steter Tropfen höhlt den Stein.

> Ovid
> 43 v. Chr.–17 n. Chr., röm. Dichter

Verbotene Früchte schmecken am besten.

> Ovid
> 43 v. Chr.–17 n. Chr., röm. Dichter

Von nichts kommt nichts.
>OVID
>43 v. Chr.–17 n. Chr., röm. Dichter

Vorsicht ist besser als Nachsicht.
>OVID
>43 v. Chr.–17 n. Chr., röm. Dichter

Man kann nicht nicht kommunizieren.
>PAUL WATZLAWICK
>1921–2007 österr. Psychotherapeut, Autor

Alles ist Zahl.
>PYTHAGORAS
>582–497 v. Chr., griech. Mathematiker

Der Mensch ist das Maß aller Dinge.
>PYTHAGORAS
>582–497 v. Chr., griech. Mathematiker

Ich denke, also bin ich.
>RENÉ DESCARTES
>1596–1650 frz. Philosoph, Mathematiker

Erst besinne es, dann beginne es.
>SALLUST
>86–36 v. Chr., röm. Historiker

Die Natur ist die beste Apotheke.
>SEBASTIAN KNEIPP
>1821–1897 dt. Pfarrer und Hydrotherapeut

Alles Gute hat seinen Sinn.
> SOKRATES
> 470–399 v. Chr., griech. Philosoph

Die Jugend von heute liebt den Luxus, hat schlechte Manieren und verachtet die Autorität. Sie widersprechen ihren Eltern, legen die Beine übereinander und tyrannisieren ihre Lehrer.
> SOKRATES
> 470–399 v. Chr., griech. Philosoph

Erkenne dich selbst.
> SOKRATES
> 470–399 v. Chr., griech. Philosoph

Gut ist nur das, was dich zu einem guten Menschen macht.
> SOKRATES
> 470–399 v. Chr., griech. Philosoph

Ich weiß, dass ich nichts weiß.
> SOKRATES
> 470–399 v. Chr., griech. Philosoph

Alles, was ist, hat einmal angefangen (Omnia, quae sunt, aliquando coeperunt). UNBEKANNT

Think global – act local.
> UNBEKANNT

Man hat zu allen Zeiten über die Gegenwart geschimpft.
> VOLTAIRE
> 1694–1778 frz. Philosoph

Bereit sein ist alles.
>WILLIAM SHAKESPEARE
>1564–1616 engl. Dramatiker

Der Rest ist Schweigen.
>WILLIAM SHAKESPEARE
>1564–1616 engl. Dramatiker

Ein Pferd! Ein Pferd! Ein Königreich für ein Pferd!
>WILLIAM SHAKESPEARE
>1564–1616 engl. Dramatiker

Freunde, Römer, Landsleute – leiht mir euer Ohr.
>WILLIAM SHAKESPEARE
>1564–1616 engl. Dramatiker

In der Kürze liegt die Würze.
>WILLIAM SHAKESPEARE
>1564–1616 engl. Dramatiker

Mag es auch Wahnsinn sein, so hat es doch Methode.
>WILLIAM SHAKESPEARE
>1564–1616 engl. Dramatiker

Sein oder nicht sein, das ist die Frage (ob's edler ist, im Geiste die Pfeile und Schleudern des wütenden Geschicks zu erdulden, oder, sich bewaffnend gegen ein Meer von Plagen, durch Widerstand sie zu beenden ...).
>WILLIAM SHAKESPEARE
>1564–1616 engl. Dramatiker

Wir haben schon bessere Tage gesehen.
>> WILLIAM SHAKESPEARE
>> 1564–1616 engl. Dramatiker

**Ich hätte lieber den gut gebauten Ringer heiraten sollen.
Der würde nicht so viel reden.**
>> XANTHIPPE
>> 450 v. Chr., Gattin des Philosophen
>> Sokrates, Inbegriff der Zanksucht

Lernen und Erkennen

Die Zeit an sich betrachtet ist völlig wertlos, sie erhält den Wert für uns erst durch unsere Tätigkeit in ihr.
>ADOLF KOLPING
>1813–1865 dt. Theologe (Kolpingwerk)

Was man im Großen nicht kann, soll man im Kleinen nicht unversucht lassen.
>ADOLF KOLPING
>1813–1865 dt. Theologe (Kolpingwerk)

Gehe nie aus einem Gespräch, ohne dem anderen die Gelegenheit zu geben, mit Dankbarkeit an dieses Gespräch zurückzudenken.
>ADOLPH FREIHERR VON KNIGGE
>1752–1796 dt. Schriftsteller

Lerne den Ton der Gesellschaft anzunehmen, in der du dich befindest.
>ADOLPH FREIHERR VON KNIGGE
>1752–1796 dt. Schriftsteller

Wer kein Geld hat, hat auch keinen Mut.
>ADOLPH FREIHERR VON KNIGGE
>1752–1796 dt. Schriftsteller

Wer Menschen studieren will, der versäume nicht, sich unter Kinder zu mischen.
>ADOLPH FREIHERR VON KNIGGE
>1752–1796 dt. Schriftsteller

Den Verrat benutzt man wohl, aber den Verräter liebt man dennoch nicht.
>AESOP
>um 600 v. Chr., gr. Dichter

Leiden sind Lehren.
AESOP
um 600 v. Chr., gr. Dichter

**Ich habe keine besondere Begabung,
sondern bin nur leidenschaftlich neugierig.**
ALBERT EINSTEIN
1879–1955 dt. Physiker, Nobelpreisträger

**Die größte Entscheidung deines Lebens liegt darin,
dass du dein Leben ändern kannst, indem du deine Geisteshaltung änderst.**
ALBERT SCHWEITZER
1875–1965 dt. Arzt

Ich wollte die Welt verändern. Aber ich habe herausgefunden, dass das Einzige, was man ganz sicher ändern kann, man selber ist.
ALDOUS HUXLEY
1894–1963 engl. Schriftsteller

**In der Haltung des Körpers verrät sich der Zustand
des Geistes. Durch die Körperbewegung spricht gleichsam
die Geistesstimme.**
AMBROSIUS VON MAILAND
240–397 ital. Bischof

Am besten ist die Erziehung, die man nicht merkt.
ANDRÉ MALRAUX
1901–1976 frz. Politiker

**Je älter ich werde, umso weniger achte ich darauf,
was die Menschen sagen – ich achte darauf, was sie tun.**
ANDREW CARNEGIE
1953–1919 US-Industrieller

In Menschen wie auch in der Sprache ist alles Beziehung.
                                          Antoine de Rivaról
                                          1753–1801 frz. Moralist und Übersetzer

Überlegen macht überlegen.
                                          Antoine de Saint-Exupéry
                                          1900–1944 frz. Schriftsteller, Flieger

Die Rede ist die Kunst, Glauben zu erwecken.
                                          Aristoteles
                                          384–322 v. Chr., griech. Philosoph

Was man lernen muss, um es zu tun, das lernt man, indem man es tut.   Aristoteles
                                          384–322 v. Chr., griech. Philosoph

Habt ihr mir Anschaulichkeit zugesprochen, so habt ihr mir alles zuerkannt.   Arthur Schopenhauer
                                          1788–1860 dt. Philosoph

Von dem menschlichen Wissen existiert der allergrößte Teil stets nur auf Papier, in den Büchern, diesem papierenen Gedächtnis der Menschheit.
                                          Arthur Schopenhauer
                                          1788–1860 dt. Philosoph

Die Zeit kommt aus der Zukunft, die nicht existiert, in die Gegenwart, die keine Dauer hat, und geht in die Vergangenheit, die aufgehört hat zu bestehen.
                                          Augustinus Aurelius
                                        354–430 röm. Theologe, Bischof, Heiliger

Ein wahrhaft großer Mann wird weder einen Wurm zertreten noch vor dem Kaiser kriechen.
BENJAMIN FRANKLIN
1760–1790 US-Staatsmann

Eine Investition in Wissen bringt noch immer die besten Zinsen.
BENJAMIN FRANKLIN
1760–1790 US-Staatsmann

Ich muss nicht unbedingt gewinnen, aber ich muss ehrlich sein. Ich muss nicht unbedingt erfolgreich sein, aber ich muss nach dem Licht streben, das in mir ist.
BENJAMIN FRANKLIN
1760–1790 US-Staatsmann

Liebe deine Feinde, denn sie sagen dir deine Fehler.
BENJAMIN FRANKLIN
1760–1790 US-Staatsmann

Das Schlimmste ist nicht, Fehler zu haben. Nicht einmal sie nicht zu bekämpfen, ist schlimm. Schlimm ist, sie zu verstecken.
BERTOLT BRECHT
1898–1956 dt. Schriftsteller

Ich rate, lieber mehr zu können, als man macht, als mehr zu machen, als man kann.
BERTOLT BRECHT
1898–1956 dt. Schriftsteller

Während unserer Überfahrt erklärte mir Einstein seine Theorie jeden Tag. Und als wir angekommen waren, war ich überzeugt, dass er sie verstanden hat.
CHAIM WEIZMANN
1874–1952 israel. Politiker, Chemiker, erster israelischer Präsident

Die natürliche Auslese sorgt dafür, dass immer die Stärksten oder die am besten Angepassten überleben.
CHARLES DARWIN
1809–1882 engl. Naturwissenschaftler

Ein Hauptzug aller Pädagogik: unbemerkt führen.
CHRISTIAN MORGENSTERN
1871–1914 dt. Schriftsteller

Sich immer am Leben korrigieren.
CHRISTIAN MORGENSTERN
1871–1914 dt. Schriftsteller

Der Weg zum Ziel beginnt an dem Tag, an dem du die hundertprozentige Verantwortung für dein Tun übernimmst. DANTE ALIGHIERI
1265–1321 ital. Dichter und Philosoph

Es werden mehr Menschen durch Übung tüchtig als durch ihre ursprünglichen Anlagen.
DEMOKRIT
460–370 v. Chr., griech. Philosoph

Lernen und Erkennen

Ein kluger Mann wird sich mehr Gelegenheiten verschaffen, als sich ihm darbieten. Sir Francis Bacon
1561–1626 engl. Philosoph, Lordkanzler

Der Mensch tut gut daran, einen Bleistift bei sich zu tragen und die Gedanken, wenn sie kommen, niederzuschreiben.
Sir Francis Bacon
1561–1626 engl. Philosoph, Lordkanzler

Nur wenige Menschen sind klug genug, hilfreichen Tadel nichtssagendem Lob vorzuziehen.
François VI.
de la Rochefoucauld
1613–1680 frz. Schriftsteller

Was Logik ist, liegt in der Betrachtung desjenigen, der sie vertritt. Franz Grillparzer
1791–1872 österr. Dichter

Du bist die Aufgabe.
Franz Kafka
1883–1924 deutschsprachiger Schriftsteller

Gesell dich einem Besseren zu, dass mit ihm deine Kräfte ringen. Wer selbst nicht weiter ist als du, der kann dich auch nicht weiter bringen.
Friedrich Rückert
1788–1866 dt. Dichter

Dem wird befohlen, der sich nicht selber gehorchen kann.
>Friedrich Nietzsche
>1844–1900 dt. Philosoph

Den Stil verbessern, das heißt den Gedanken verbessern.
>Friedrich Nietzsche
>1844–1900 dt. Philosoph

Die stillen Worte sind es, die den Sturm bringen.
>Friedrich Nietzsche
>1844–1900 dt. Philosoph

Menschen, welche rasch Feuer fangen, werden schnell kalt und sind daher im Ganzen unzuverlässig.
>Friedrich Nietzsche
>1844–1900 dt. Philosoph

Die Neugier steht immer an erster Stelle eines Problems, das gelöst werden will.
>Galileo Galilei
>1564–1642 ital. Physiker, Astronom, Mathematiker

Man kann einen Menschen nichts lehren, man kann ihm nur helfen, es in sich selbst zu entdecken.
>Galileo Galilei
>1564–1642 ital. Physiker, Astronom, Mathematiker

Er schliff immer an sich und wurde am Ende stumpf, ehe er scharf war.
>Georg Christoph Lichtenberg
>1742–1799 dt. Schriftsteller und Physiker

Die Weisheit eines Menschen misst man nicht nach seinen Erfahrungen, sondern nach seiner Fähigkeit, Erfahrungen zu machen.
GEORGE BERNARD SHAW
1856–1950 ir. Dramatiker

Eines der traurigsten Dinge im Leben ist, dass ein Mensch viele gute Taten tun muss, um zu beweisen, dass er tüchtig ist, aber nur einen Fehler zu begehen braucht, um zu beweisen, dass er nichts taugt.
GEORGE BERNARD SHAW
1856–1950 ir. Dramatiker

Hohe Bildung kann man dadurch beweisen, dass man die kompliziertesten Dinge auf einfache Art zu erläutern versteht.
GEORGE BERNARD SHAW
1856–1950 ir. Dramatiker

Wir lernen aus Erfahrung, dass die Menschen nichts aus Erfahrung lernen.
GEORGE BERNARD SHAW
1856–1950 ir. Dramatiker

Worte sind Luft. Aber die Luft wird zum Wind und Wind macht die Schiffe segeln.
GOTTHOLD EPHRAIM LESSING
1729–1781 dt. Dichter

Unsicherheit im Befehlen erzeugt Unsicherheit beim Gehorchen.
HELMUT KARL GRAF VON MOLTKE
1800–1891 dt. Generalfeldmarschall

Erst wenn wir nicht mehr weiter wissen, lernen wir uns selbst richtig kennen. Henry David Thoreau
1817–1862 US-Philosoph, Schriftsteller

Nicht die Dinge ändern sich, wir ändern uns.
Henry David Thoreau
1817–1862 US-Philosoph, Schriftsteller

Sei nicht einfach gut – sei gut für etwas.
Henry David Thoreau
1817–1862 US-Philosoph, Schriftsteller

Wer immer tut, was er schon kann, bleibt immer das, was er schon ist. Henry Ford
1863–1947 US-Industrieller,
Gründer von Ford

Allen Menschen ist es gegeben, sich selbst zu erkennen und klug zu sein. Heraklit von Ephesus
um 530– 480 v. Chr., griech. Philosoph

Viel Wissen bedeutet noch nicht Verstand.
Heraklit von Ephesus
um 530– 480 v. Chr., griech. Philosoph

Unser Wissen ist ein Tropfen, was wir nicht wissen, ein Ozean. Sir Isaac Newton
1643–1727 engl. Physiker

Fehler sind oft die besten Lehrmeister.
>JAMES A. FROUDE
>1818–1894 engl. Historiker

**Man muss viel gelernt haben, um über das,
was man nicht weiß, fragen zu können.**
>JEAN JACQUES ROUSSEAU
>1712–1778 frz./schweizer. Pädagoge,
>Schriftsteller

**Der Mensch kann, was er soll; und wenn er sagt:
ich kann nicht, so will er nicht.**
>JOHANN GOTTLIEB FICHTE
>1762–1814 dt. Philosoph

Jedem redlichen Bemühen sei Beharrlichkeit verliehen.
>JOHANN WOLFGANG VON GOETHE
>1742–1832 dt. Schriftsteller

Prüfungen erwarte bis zuletzt.
>JOHANN WOLFGANG VON GOETHE
>1742–1832 dt. Schriftsteller

**Unwissenheit der Menschen ist das Einzige auf der Welt,
was noch mehr kostet als Ausbildung.**
>JOHN FITZGERALD KENNEDY
>1917–1963 35. US Präsident

**Wendet man die Strenge an, wo es nicht sein darf, so weiß
man nicht mehr, wo man sie anwenden soll.**
>JOSEPH JOUBERT
>1754–1824 frz. Schriftsteller

Ich habe einmal einen Tag lang nicht gegessen und eine Nacht lang nicht geschlafen, um nachzudenken. Das hat nicht geholfen – stattdessen ist es besser, zu lernen.
>
> KONFUZIUS
> 551–479 v. Chr., chin. Philosoph

Ist man bei kleinen Dingen nicht geduldig, bringt man die großen Vorhaben zum Scheitern.
>
> KONFUZIUS
> 551–479 v. Chr., chin. Philosoph

Was du mir sagst, das vergesse ich.
Was du mir zeigst, daran erinnere ich mich.
Was du mich tun lässt, das verstehe ich.
>
> KONFUZIUS
> 551–479 v. Chr., chin. Philosoph

Nehmen wir die Menschen wie sie sind, andere gibt es nicht.
>
> KONRAD ADENAUER
> 1876–1967 erster dt. Bundeskanzler

Toleranz ist der Verdacht, dass der andere Recht hat.
>
> KURT TUCHOLSKY
> 1890–1935 dt. Schriftsteller

Lernen ist wie Rudern gegen den Strom. Hört man damit auf, treibt man zurück.
>
> LAOTSE
> um 300 v. Chr., chin. Philosoph

Hat man einmal begonnen, sich neues Wissen anzueignen, wächst das Verlangen nach mehr.
>
> LAURENCE STERNE
> 1713–1768 engl. Schriftsteller

Armselig der Schüler, der seinen Meister nicht übertrifft.

LEONARDO DA VINCI
1452–1519 ital. Maler, Bildhauer,
Universalgenie

Nichts Hohes erreicht ein Künstler, der nicht an sich selber zweifelt.

LEONARDO DA VINCI
1452–1519 ital. Maler, Bildhauer,
Universalgenie

Wenn du meinst, dass im Alter die Weisheit dich nähren soll, dann eigne sie dir in deiner Jugend an, sodass dir im Alter die Nahrung nicht fehlt.

LEONARDO DA VINCI
1452–1519 ital. Maler, Bildhauer,
Universalgenie

Wer die Mauer untergräbt, wird unter ihr begraben.

LEONARDO DA VINCI
1452–1519 ital. Maler, Bildhauer,
Universalgenie

Denke immer daran, dass es nur eine allerwichtigste Zeit gibt. Nämlich jetzt.

LEW NIKOLAJEWITSCH GRAF TOLSTOI
1828–1920 russ. Schriftsteller

Staunen ist der erste Schritt zu einer Erkenntnis.

LOUIS PASTEUR
1822–1895 frz. Chemiker, Mikrobiologe

Das Genie kann man nicht nachahmen.
       Luc de Clapiers
       Marquis de Vauvenargues
       1715–1747 frz. Philosoph

Beim Lehren lernen die Menschen.
       Lucius Annaeus Seneca
       4 v. Chr.–65 n. Chr., röm. Philosoph, Staatsmann

Lang ist der Weg durch Lehren, kurz und wirksam durch Beispiele.
       Lucius Annaeus Seneca
       4 v. Chr.–65 n. Chr., röm. Philosoph, Staatsmann

Nicht weil es schwer ist, wagen wir es nicht, sondern weil wir es nicht wagen, ist es schwer.
       Lucius Annaeus Seneca
       4 v. Chr.–65 n. Chr., röm. Philosoph, Staatsmann

Sei du selbst die Veränderung, die du dir wünschst für diese Welt.
       Mahatma Gandhi
       1869–1948 ind. Freiheitskämpfer

Das, was jemand von sich selbst denkt, bestimmt sein Schicksal.
       Mark Twain
       1835–1910 US-Schriftsteller

Sammle erst die Fakten, dann kannst du sie verdrehen, wie es dir passt.
       Mark Twain
       1835–1910 US-Schriftsteller

Das Glück deines Lebens hängt von der Beschaffenheit
deiner Gedanken ab. MARCUS AURELIUS
121–180 röm. Kaiser

Es gibt keine schüchternen Lehrlinge mehr, es gibt nur noch
schüchterne Meister. MARIE VON EBNER-ESCHENBACH
1830–1916 österr. Schriftstellerin

Man bleibt jung, solange man noch lernen,
neue Gewohnheiten annehmen und einen Widerspruch
ertragen kann. MARIE VON EBNER-ESCHENBACH
1830–1916 österr. Schriftstellerin

Wenn die Neugier sich auf ernsthafte Dinge richtet,
dann nennt man sie Wissensdrang.
MARIE VON EBNER-ESCHENBACH
1830–1916 österr. Schriftstellerin

Wer werden will, was er sein soll, der muss das abstreifen,
was er heute ist. MEISTER ECKHART
1260–1327 dt. Provinzial der
Dominikaner

Wer sich gewöhnt nachzufolgen und nie voranzugehen,
und wer nicht aus sich etwas Gutes machen kann,
wird aus den Werken der Anderen keinen Nutzen zu ziehen
wissen. MICHELANGELO BUONARROTI
1475–1564 ital. Maler, Bildhauer,
Architekt

Man sollte mehr handeln, weniger überlegen und sich nicht
selbst beim Leben zuschauen.
>Nicolas Chamfort
1741–1794 frz. Schriftsteller

Nichts kann dir mehr Kraft in deinem Leben geben,
als deine gesamte Energie auf eine begrenzte Zahl von
Zielen zu konzentrieren. Nido Qubein
*1948 US-Unternehmensberater

Auf alles, was der Mensch sich vornimmt, muss er seine
ungeteilte Aufmerksamkeit oder sein Ich richten.
>Novalis
1772–1801 dt. Dichter

Der Gebildete widerspricht den anderen – der wahre Weise
sich selbst. Oscar Wilde
1854–1900 ir. Schriftsteller

Wer nicht auf seine Weise denkt, denkt überhaupt nicht.
>Oscar Wilde
1854–1900 ir. Schriftsteller

Ich lerne vom Leben, ich lerne, solange ich lebe,
ich lerne noch heute. Otto Eduard Leopold
Fürst v. Bismarck
1815–1898 erster dt. Reichskanzler

Wer sich an andre hält, dem wankt die Welt.
Wer auf sich selber ruht, der steht gut.
>Paul Johann Ludwig von Heyse
1830–1914 dt. Schriftsteller,
Nobelpreisträger

Das Staunen ist der Anfang der Erkenntnis.
> PLATO
> 427–347 v. Chr., griech. Philosoph

Ich habe mich selbst zu Fall gebracht. Ich habe ihnen ein Schwert gegeben, und sie haben zugestochen.
> RICHARD NIXON
> 1913–1994 37. US-Präsident

Er sprach Wahres, nannte es aber beim falschen Namen.
> ROBERT BROWNING
> 1812–1889 engl. Dichter

Viele Versuche der Kommunikation scheitern daran, dass zu viel gesagt wird.
> ROBERT K. GREENLEAF
> 1904–1956 US-Organisationsforscher

Alles ist schwierig, bevor es leicht wird.
> SAADI
> 1190–1283 pers. Dichter

Selbstkritik und Aufrichtigkeit sind die erste Pflicht im Berufsleben.
> SIR KARL RAIMUND POPPER
> 1902–1994 österr./engl. Philosoph, Wirtschaftstheoretiker

Es ist keine Schande, nichts zu wissen, wohl aber, nichts lernen zu wollen.
> SOKRATES
> 470–399 v. Chr., griech. Philosoph

Sei offen für Neues und stets bereit, von anderen zu lernen.
>> SOKRATES
>> 470–399 v. Chr., griech. Philosoph

Wer glaubt, etwas zu sein, hat aufgehört etwas zu werden.
>> SOKRATES
>> 470–399 v. Chr., griech. Philosoph

Am Gipfel lernt man nichts.
>> THOMAS BUBENDORFER
>> *1962 österr. Extrembergsteiger, Autor

Nichts ist mühsam, was man willig tut.
>> THOMAS JEFFERSON
>> 1743–1826 3. US-Präsident

Sie können es, weil sie glauben, dass sie es können.
>> VERGIL
>> 70–19 v. Chr., röm. Dichter

Wenig Arbeit ist eine Bürde, viel Arbeit eine Freude.
>> VICTOR HUGO
>> 1802–1885 frz. Dichter

Alle Menschen sind klug – die einen vorher, die anderen nachher.
>> VOLTAIRE
>> 1694–1778 frz. Philosoph

Ein langer Streit beweist, dass beide Seiten Unrecht haben.
>> VOLTAIRE
>> 1694–1778 frz. Philosoph

Ausdauer wird früher oder später belohnt – meistens aber später. WILHELM BUSCH
1832–1908 dt. Dichter

Es gibt keinen besseren Ort auf der Welt, um die gegenseitigen Schwächen herauszufinden, als eine Konferenz. WILL ROGERS
1879–1935 US-Entertainer

Lernen, lernen und nochmals lernen.
WLADIMIR ILJITSCH LENIN
1870–1927 russ. Politiker, Revolutionär

Motivation und Erfahrung

Halte dir stets vor Augen, dass der feste Vorsatz,
etwas zu erreichen, wichtiger ist als alles andere.
>   ABRAHAM LINCOLN
>   1809–1865 16. US-Präsident

Ich habe die Erfahrung gemacht, dass Leute ohne Laster
auch sehr wenige Tugenden haben.
>   ABRAHAM LINCOLN
>   1809–1865 16. US-Präsident

Er, der unzufrieden ist an einem Ort, wird selten glücklicher
an einem anderen Ort. AESOP
>   um 600 v. Chr., gr. Dichter

Was diese Kraft ist, kann ich nicht genau sagen.
Auf jeden Fall weiß ich, dass sie existiert und dass sie
einem Menschen verfügbar wird, wenn er genau weiß,
was er will und entschlossen ist, nicht aufzugeben,
bis er es erreicht hat. ALEXANDER GRAHAM BELL
>   1847–1922 engl. Erfinder

Es mag sein, dass ich meine Ziele nie erreichen werde, aber
ich kann sie schauen, mich an ihnen erfreuen und sehen,
wohin sie mich leiten. AMOS BRONSON ALCOTT
>   1799–1888 US-Philosoph, Pädagoge

Ironie ist die letzte Phase der Enttäuschung.
>   ANATOLE FRANCE
>   1844–1924 frz. Historiker, Lyriker,
>   Nobelpreisträger

**Ich schätze den als tapferer, der sein Verlangen überwindet, als jenen, der seine Feinde besiegt.
Denn der schwerste Sieg ist der Sieg über sich selbst.**
ARISTOTELES
384–322 v. Chr., griech. Philosoph

Wer sich weniger zutraut als er leisten kann, ist kleinmütig.
ARISTOTELES
384–322 v. Chr., griech. Philosoph

Ein reicher Mann ist oft nur ein armer Mann mit sehr viel Geld.
ARISTOTELES ONASSIS
1906–1975 griech. Reeder

Die Freunde nennen sich aufrichtig, die Feinde sind es.
ARTHUR SCHOPENHAUER
1788–1860 dt. Philosoph

Ohne unseren Claude Monet, der uns allen Mut machte, hätten wir aufgegeben.
AUGUSTE RENOIR
1841–1919 frz. Maler (Impressionist)

Nur wer selbst brennt, kann Feuer in anderen entfachen.
AUGUSTINUS AURELIUS
354–430 röm. Theologe, Bischof, Heiliger

Du kannst mir zwar beweisen, dass ich Unrecht habe, aber vielleicht verlierst du dadurch einen Freund.
BENJAMIN FRANKLIN
1760–1790 US-Staatsmann

Fleiß ist die Mutter des Glückes.
>BENJAMIN FRANKLIN
>1706–1790 US-Staatsmann

Gut getan ist besser als gut gesagt.
>BENJAMIN FRANKLIN
>1706–1790 US-Staatsmann

Das Geschäft benutzt dich, aber wenn du schlau bist, benutzt du es zurück.
>CINDY CRAWFORD
>*1966 US-Fotomodell, Schauspielerin

Den größten Fehler, den man im Leben machen kann, ist, immer Angst zu haben, einen Fehler zu machen.
>DIETRICH BONHOEFFER
>1906–1945 dt. evang. Theologe

Es kommt nur auf den ersten Schritt an.
>EDWARD GIBBON
>1737–1794 engl. Schriftsteller

Wenn das Leben keine Vision hat, nach der man strebt, nach der man sich sehnt, die man verwirklichen möchte, dann gibt es auch kein Motiv, sich anzustrengen.
>ERICH FROMM
>1900–1980 dt. Individualpsychologe

Der Mensch kann unendlich viel, wenn er die Faulheit abgeschüttelt hat und darauf vertraut, dass es ihm gelingen muss, was er ernstlich will.
>ERNST MORITZ ARNDT
>1769–1860 dt. Theologe

Mittelmäßige Geister verurteilen gewöhnlich alles, was über ihren Horizont geht.
>   FRANÇOIS VI.
>   DE LA ROCHEFOUCAULD
>   1613–1680 frz. Schriftsteller

Wenn man sich mit einem langweiligen, unglücklichen Leben abfindet, weil man auf seine Mutter, seinen Vater, einen Priester oder irgendeinen Burschen im Fernsehen gehört hat, der einem vorschreibt, wie man leben soll, dann hat man es so verdient.
>   FRANK ZAPPA
>   1940–1993 US-Musiker, Komponist

Tue zuerst das Notwendige, dann das Mögliche, und plötzlich schaffst du das Unmögliche.
>   FRANZ VON ASSISI
>   1182–1226 ital. Heiliger, Gründer des
>   Franziskanerordens

Wir müssen jeden Tag von neuem anfangen.
>   FRANZ VON ASSISI
>   1182–1226 ital. Heiliger, Gründer des
>   Franziskanerordens

Unmögliches gibt es für mich nicht, wird es auch nie geben, denn ich vertraue auf Gott, er vermag alles.
>   FRANZ VON SALES
>   1567–1622 ital. Heiliger,
>   Gründer des Ordens der Salesianerinnen,
>   Bischof von Genf

Frei ist, wer in Ketten tanzen kann.
> FRIEDRICH NIETZSCHE
> 1844–1900 dt. Philosoph

Als ich ein junger Mann war, merkte ich, dass von zehn Dingen, die ich tat, neun fehlschlugen. Ich wollte kein Versager sein und arbeitete deshalb zehnmal so viel.
> GEORGE BERNARD SHAW
> 1856–1950 ir. Dramatiker

Der Mensch kann wohl die höchsten Gipfel erreichen, aber verweilen kann er dort nicht lange.
> GEORGE BERNARD SHAW
> 1856–1950 ir. Dramatiker

Es stimmt, dass Geld nicht glücklich macht. Allerdings meint man damit das Geld der anderen.
> GEORGE BERNARD SHAW
> 1856–1950 ir. Dramatiker

Zu tun, was man will, ist Reichtum – es aber ohne Reichtum zu tun, ist Kraft.
> GEORGE BERNARD SHAW
> 1856–1950 ir. Dramatiker

Wer sich keine großen Ziele steckt, kann auch die Kleinen nicht erreichen.
> HANS PETER HASELSTEINER
> *1944 österr. Unternehmer (STRABAG)

In uns selbst liegen die Sterne unseres Glücks.
> HEINRICH HEINE
> 1797–1856 dt. Dichter

Eine Stunde konzentrierter Arbeit hilft mehr, deine Lebensfreude anzufachen, deine Schwermut zu überwinden und dein Schiff wieder flott zu machen, als ein Monat dumpfes Brüten.
HENRY FORD
1863–1947 US-Industrieller,
Gründer von Ford

Die Sonne scheint jeden Tag neu.
HERAKLIT VON EPHESUS
um 530– 480 v. Chr., griech. Philosoph

Die Erfahrung lehrt langsam und der Preis sind Fehler.
JAMES A. FROUDE
1818–1894 engl. Historiker

**Die Freiheit des Menschen liegt nicht darin,
dass er tun kann, was er will, sondern dass er nicht tun
muss, was er nicht will.**
JEAN JACQUES ROUSSEAU
1712–1778 frz./schweizer. Pädagoge,
Schriftsteller

**Es ist mehr wert, jederzeit die Achtung der Menschen
zu haben, als gelegentlich ihre Bewunderung.**
JEAN JACQUES ROUSSEAU
1712–1778 frz./schweizer. Pädagoge,
Schriftsteller

**Ein guter Abend kommt heran,
wenn ich den ganzen Tag getan.**
JOHANN WOLFGANG VON GOETHE
1742–1832 dt. Schriftsteller

Jedes Leben sei zu führen, wenn man sich nicht selbst vermisst; alles könne man verlieren, wenn man bliebe, was man ist. JOHANN WOLFGANG VON GOETHE
1742–1832 dt. Schriftsteller

Betet nicht für ein leichteres Leben, betet dafür, stärkere Menschen zu sein. JOHN FITZGERALD KENNEDY
1917–1963 35. US Präsident

Der Sieg hat tausend Väter, aber eine Niederlage ist ein Waisenkind. JOHN FITZGERALD KENNEDY
1917–1963 35. US Präsident

Der höchste Lohn für unsere Bemühungen ist nicht das, was wir dafür bekommen, sondern das, was wir dadurch werden. JOHN RUSKIN
1819–1900 engl. Kunstkritiker, Sozialreformer

Fordere viel von dir selbst und erwarte wenig von den anderen. So wird dir Ärger erspart bleiben.
KONFUZIUS
551–479 v. Chr., chin. Philosoph

Wer sich ärgert, büßt für die Sünden anderer Menschen.
KONRAD ADENAUER
1876–1967 erster dt. Bundeskanzler

Das Ärgerliche am Ärger ist, dass man sich schadet, ohne anderen zu nutzen.
KURT TUCHOLSKY
1890–1935 dt. Schriftsteller

Aber mein Leben, mein ganzes Leben, wie auch immer es sich äußerlich gestalten mag, jeder Augenblick meines Lebens wird jetzt nicht zwecklos sein wie bisher, sondern zu seinem alleinigen, bestimmten Zweck das Gute haben. Denn das liegt jetzt in meiner Macht: meinem Leben die Richtung auf das Gute zu geben.

LEW NIKOLAJEWITSCH GRAF TOLSTOI
1828–1920 russ. Schriftsteller

Ich liebe neue Aufgaben, denn sie spornen mich an.

LOUIS PASTEUR
1822–1895 frz. Chemiker, Mikrobiologe

Ich will euch mein Erfolgsgeheimnis verraten:
Meine ganze Kraft ist nichts anderes als Ausdauer.

LOUIS PASTEUR
1822–1895 frz. Chemiker, Mikrobiologe

Mut hilft im Unglück mehr als Verstand.

LUC DE CLAPIERS
MARQUIS DE VAUVENARGUES
1715–1747 frz. Philosoph

Dem Wagemutigen hilft das Glück, der Faule steht sich selbst im Weg.

LUCIUS ANNAEUS SENECA
4 v. Chr.–65 n. Chr., röm. Philosoph, Staatsmann

Schlagfertigkeit ist etwas, worauf man erst 24 Stunden später kommt.

MARK TWAIN
1835–1910 US-Schriftsteller

Fang nie an aufzuhören, hör nie auf anzufangen.
Marcus Tullius Cicero
106–43 v. Chr., röm. Redner, Politiker,
Philosoph

Je größer die Schwierigkeiten, desto größer der Sieg.
Marcus Tullius Cicero
106–43 v. Chr., röm. Redner, Politiker,
Philosoph

Eine stolz getragene Niederlage ist auch ein Sieg.
Marie von Ebner-Eschenbach
1830–1916 österr. Schriftstellerin

**Je mehr Vergnügen du an deiner Arbeit hast,
desto besser wird sie bezahlt.**
Marie von Ebner-Eschenbach
1830–1916 österr. Schriftstellerin

**Müde macht uns die Arbeit, die wir liegenlassen,
nicht die, die wir tun.** Marie von Ebner-Eschenbach
1830–1916 österr. Schriftstellerin

Nur wer etwas leistet, kann sich etwas leisten.
Michail Gorbatschow
*1931 sowj. Politiker, Nobelpreisträger

Die Anzahl unserer Neider bestätigen unsere Fähigkeiten.
Oscar Wilde
1854–1900 ir. Schriftsteller

Auch wenn die Kräfte fehlen, ist doch der gute Wille zu loben.
OVID
43 v. Chr.–17 n. Chr., röm. Dichter

Jetzt sind die guten alten Zeiten, nach denen wir uns in zehn Jahren zurücksehnen.
PETER ALEXANDER USTINOV
1921–2004 engl. Schriftsteller, Schauspieler

Erfolg im Leben ist etwas Sein, etwas Schein und sehr viel Schwein.
PHILIPP ROSENTHAL
1916–2001 dt. Industrieller

Unser größter Ruhm ist nicht, niemals zu fallen, sondern jedes Mal wieder aufzustehen.
RALPH WALDO EMERSON
1803–1882 US-Philosoph

Achte nicht auf die Kritiker, ignoriere sie nicht einmal.
SAMUEL GOLDWYN
1882–1974 US-Filmproduzent

Bedenke, dass die menschlichen Verhältnisse insgesamt unbeständig sind, dann wirst du im Glück nicht zu fröhlich und im Unglück nicht zu traurig sein.
SOKRATES
470–399 v. Chr., griech. Philosoph

Wer die Welt bewegen will, sollte erst sich selbst bewegen.
SOKRATES
470–399 v. Chr., griech. Philosoph

Courage ist gut, Ausdauer ist besser.
Ausdauer, das ist die Hauptsache.

    THEODOR FONTANE
    1819–1898 dt. Schriftsteller

Es sieht so aus, dass ich umso mehr Glück habe,
desto mehr ich arbeite.   THOMAS JEFFERSON
    1743–1826 3. US-Präsident

Jeder Tag ist ein neuer Anfang.

    THOMAS STEARNS ELIOT
    1888–1965 US-Schriftsteller,
    Nobelpreisträger

Vergiss vergangene Fehler. Vergiss Misserfolge.
Vergiss alles außer das, was du gerade im Begriff bist
zu tun, und tue es.   WILLIAM CRAPO DURANT
    1861–1947 US-Unternehmer,
    Gründer von GM und Chevrolet

Nur ein mittelmäßiger Mensch ist immer in Hochform.

    WILLIAM SOMERSET MAUGHAM
    1874–1965 engl. Schriftsteller

Die Kunst ist, einmal mehr aufzustehen,
als man umgeworfen wird.

    SIR WINSTON CHURCHILL
    1874–1965 engl. Politiker,
    Nobelpreisträger

Presse und Öffentlichkeit

Die öffentliche Meinung ist alles. Mit ihr gibt es keine
Niederlage, ohne sie keinen Erfolg.
                                Abraham Lincoln
                                1809–1865 16. US-Präsident

Politischer Wille ist glücklicherweise ein nachwachsender
Rohstoff.   Al Gore
              *1948 US-Politiker, Unternehmer,
              Nobelpreisträger

Wir könnten das ganze Treffen damit verbringen, nur um
über die neuen Erkenntnisse der letzten Wochen zu reden.
                                Al Gore
                                *1948 US-Politiker, Unternehmer,
                                Nobelpreisträger

Sollten Ihnen meine Aussagen zu klar gewesen sein,
dann müssen Sie mich missverstanden haben.
                                Alan Greenspan
                                *1926 US-Notenbankchef

Es ist schwieriger, eine vorgefasste Meinung
zu zertrümmern als ein Atom.
                                Albert Einstein
                                1879–1955 dt. Physiker, Nobelpreisträger

Wir leben in einer Zeit vollkommener Mittel und
verworrener Ziele.   Albert Einstein
                                1879–1955 dt. Physiker, Nobelpreisträger

Es ist durchaus nicht dasselbe, die Wahrheit über sich zu
wissen oder sie von anderen hören zu müssen.
>   ALDOUS HUXLEY
>   1894–1963 engl. Schriftsteller

Tatsachen schafft man nicht dadurch aus der Welt,
dass man sie ignoriert.
>   ALDOUS HUXLEY
>   1894–1963 engl. Schriftsteller

Wer gut essen will, kauft Aktien – wer gut schlafen will,
kauft Anleihen.
>   ANDRÉ KOSTOLANY
>   1906–1999 ungar./amerik. Börsenexperte

Eine Überzeugung, die alle Menschen teilen,
besitzt Realität.
>   ARISTOTELES
>   384–322 v. Chr., griech. Philosoph

Wer die öffentliche Meinung verliert, ist kein König mehr.
>   ARISTOTELES
>   384–322 v. Chr., griech. Philosoph

Nichts ist trügerischer als eine offenkundige Tatsache.
>   SIR ARTHUR CONAN DOYLE
>   1859–1930 engl. Arzt, Kriminalbuchautor

Trauen Sie niemals allgemeinen Eindrücken, mein Junge,
sondern konzentrieren Sie sich auf Einzelheiten.
>   SIR ARTHUR CONAN DOYLE
>   1859–1930 engl. Arzt, Kriminalbuchautor

Für eine gelungene Rede gebrauche gewöhnliche Worte
und sage ungewöhnliche Dinge.
>   ARTHUR SCHOPENHAUER
>   1788–1860 dt. Philosoph

Das Publikum muss hingenommen werden,
wie jedes andere Element.
>   CHRISTIAN FRIEDRICH HEBBEL
>   1813–1863 dt. Dichter

Nichts ist schneller als die Lichtgeschwindigkeit,
mit Ausnahme schlechter Nachrichten.
>   DOUGLAS ADAMS
>   1951–2001 engl. Schriftsteller

Ich habe es satt, die Menschen zu durchschauen.
Es ist so leicht, und es führt zu nichts.
>   ELIAS CANETTI
>   1905–1994 deutschsprachiger
>   Schriftsteller, Nobelpreisträger

Die heutige Presse hat nichts so nötig
wie einen Geistesblitzableiter.
>   EPHRAIM KISHON
>   1924–2005 israel. Schriftsteller

Die Dinge sind für die Menschen nicht so wie sie sind,
sondern wie das Urteil über die Dinge.
>   EPIKTET
>   50–138 griech. Philosoph

In drei Tagen 100 Kilo abnehmen, kann nur der Zoll.

> ERHARD HORST BELLERMANN
> *1937 dt. Bauingenieur, Dichter

Das Argument gleicht dem Schuss einer Armbrust – es ist gleichermaßen wirksam, ob ein Riese oder ein Zwerg geschossen hat.

> SIR FRANCIS BACON
> 1561–1626 engl. Philosoph, Lordkanzler

Gebeugt erst zeigt der Bogen seine Kraft.

> FRANZ GRILLPARZER
> 1791–1872 österr. Dichter

Unter Intuition versteht man die Fähigkeit gewisser Leute, eine Lage in Sekundenschnelle falsch zu beurteilen.

> FRIEDRICH DÜRRENMATT
> 1921–1990 schweizer. Schriftsteller

An Mythen glaubt man nicht, sie werden angenommen und verstanden.

> GEORGE SANTAYANA
> 1863–1952 US-Philosoph, Schriftsteller

Topmanager und Unternehmer haben eine Rechenschaftspflicht gegenüber der Öffentlichkeit.

> GERTRUD HÖHLER
> dt. Managementberaterin, Publizistin

Wenn ein junger Mann ein Mädchen kennen lernt und
ihr erzählt, was für ein großartiger Kerl er ist, so ist das
Reklame. Wenn er ihr sagt, wie reizend sie aussieht,
so ist das Werbung. Wenn sie sich aber für ihn entscheidet,
weil sie von Anderen gehört hat, das er ein feiner Kerl sei,
so sind das Public Relations.
>   Heinrich Alwin Münchmeyer
>   1908–1990 dt. Unternehmer, Präsident
>   des dt. Industrie- und Handelstages

Es wird immer gleich ein wenig anders, wenn man es
ausspricht.
>   Hermann Hesse
>   1877–1962 dt. Schriftsteller

Nichts ist gefährlicher als der Einfluss von Privatinteressen
in öffentlichen Angelegenheiten.
>   Jean Jacques Rousseau
>   1712–1778 frz./schweizer. Pädagoge,
>   Schriftsteller

Es ist besser eine Frage zu diskutieren, ohne sie
zu entscheiden, als eine Frage zu entscheiden,
ohne sie zu diskutieren.
>   Joseph Joubert
>   1754–1824 frz. Schriftsteller

Was nicht in die Masse dringt, ist unwirksam.
>   Karl Jaspers
>   1883–1969 dt. Psychiater und Philosoph

Ein Kritiker ist jemand, der den Weg kennt, aber den Wagen
nicht fahren kann.
>   Kenneth Tynan
>   1927–1980 engl. Kritiker, Autor

Mit kleinen Jungen und Journalisten soll man vorsichtig sein. Die schmeißen immer noch einen Stein hinterher.
KONRAD ADENAUER
1876–1967 erster dt. Bundeskanzler

**Niemand irrt für sich allein.
Er verbreitet seinen Unsinn auch in seiner Umgebung.**
LUCIUS ANNAEUS SENECA
4 v. Chr.–65 n. Chr., röm. Philosoph, Staatsmann

Man kann eine Idee durch eine andere verdrängen, nur die der Freiheit nicht.
LUDWIG BÖRNE
1786–1838 dt. Schriftsteller

Die Journalisten können über mich schreiben, was sie wollen. Hauptsache, es ist nicht die Wahrheit.
MADONNA
*1958 US-Sängerin, Schauspielerin

Ein Urteil lässt sich widerlegen, ein Vorurteil nie.
MARIE VON EBNER-ESCHENBACH
1830–1916 österr. Schriftstellerin

Ihr jubelt über die Macht der Presse – graut euch nie vor ihrer Tyrannei?
MARIE VON EBNER-ESCHENBACH
1830–1916 österr. Schriftstellerin

China ist ein schlafender Löwe! Lasst ihn schlafen, wenn er aufwacht, verrückt er die Welt.
NAPOLEON BONAPARTE
1769–1821 frz. Kaiser, Feldherr

Ich fürchte drei Zeitungen mehr als hundert Bajonette.
NAPOLEON BONAPARTE
1769–1821 frz. Kaiser, Feldherr

Wir sind dazu da, die öffentliche Meinung zu lenken; nicht, um sie zu erörtern.
NAPOLEON BONAPARTE
1769–1821 frz. Kaiser, Feldherr

Nicht, wer zuerst die Waffen ergreift, ist Anstifter des Unheils, sondern wer dazu nötigt.
NICCOLÓ MACHIAVELLI
1469–1527 ital. Politiker

Früher hatten die Menschen die Folterbank, heute die Presse.
OSCAR WILDE
1854–1900 ir. Schriftsteller

Die Presse ist für mich Druckerschwärze auf Papier.
OTTO EDUARD LEOPOLD
FÜRST V. BISMARCK
1815–1898 erster dt. Reichskanzler

Das Gegenteil von schlecht muss nicht gut sein – es kann noch schlechter sein.
PAUL WATZLAWICK
1921–2007 österr. Psychotherapeut, Autor

Die Summe der Subjektivität ergibt noch lange keine Objektivität.
REINHARD K. SPRENGER
*1953 dt. Unternehmensberater, Autor, Visionär

Wer interessieren will, muss provozieren.
> SALVADOR DALÍ
> 1904–1989 span. Künstler

**Die Leute wissen nicht, was sie wollen,
bis man es ihnen anbietet.**
> SIR TERENCE ORBY CONRAN
> *1931 engl. Designer,
> Gründer Habitat-Möbelkette

**Die Tragödie der Wissenschaft: Das Erschlagen einer
schönen Hypothese durch eine hässliche Tatsache.**
> THOMAS HUXLEY
> 1825–1895 engl. Biologe

**Ein guter Propagandist kann sogar mit Hilfe der Wahrheit
überzeugen.**
> WIESLAW BRUDZINSKI
> *1920 poln. Satiriker

**Demokratie ist die Notwendigkeit, sich gelegentlich den
Ansichten anderer Leute zu beugen.**
> SIR WINSTON CHURCHILL
> 1874–1965 engl. Politiker,
> Nobelpreisträger

Qualität und Verbesserung

Ich gehe langsam, aber ich gehe nie zurück.
> ABRAHAM LINCOLN
> 1809–1865 16. US-Präsident

**Alles sollte so einfach wie möglich gemacht werden,
aber nicht einfacher.** ALBERT EINSTEIN
> 1879–1955 dt. Physiker, Nobelpreisträger

**Probleme kann man niemals mit denselben Denkweisen
lösen, durch die sie entstanden sind.**
> ALBERT EINSTEIN
> 1879–1955 dt. Physiker, Nobelpreisträger

**Denn wahrhaftig steckt die Kunst in der Natur.
Wer sie herausreißen kann, der hat sie.**
> ALBRECHT DÜRER
> 1471–1528 dt. Maler

**Ein Text ist nicht dann vollkommen, wenn man nichts
mehr hinzufügen kann, sondern dann, wenn man nichts
mehr weglassen kann.** ANTOINE DE SAINT-EXUPÉRY
> 1900–1944 frz. Schriftsteller, Flieger

**Es ist schon lange einer meiner Grundsätze,
dass die kleinsten Dinge bei weitem die wichtigsten sind.**
> SIR ARTHUR CONAN DOYLE
> 1859–1930 engl. Arzt, Kriminalbuchautor

Ich will der Beste sein – immer.
> AUGUST EVERDING
> 1928–1999 dt. Regisseur

Gewöhnlich ist der im Leben Erfolgreichste auch der Bestinformierte. BENJAMIN DISRAELI
1804–1881 engl. Staatsmann

Deine unzufriedensten Kunden, sind deine beste Lernquelle.
BILL GATES
*1955 US-Unternehmer,
Gründer von Microsoft

Ich messe den Erfolg nicht an meinen Siegen, sondern daran, ob ich jedes Jahr besser werde.
EDRICK WOODS
*1965 US-Profigolfer

Wer gar zu viel bedenkt, wird wenig leisten.
FRIEDRICH VON SCHILLER
1759–1805 dt. Dichter, Dramatiker

Alles messen, was messbar ist – und messbar machen, was noch nicht messbar ist.
GALILEO GALILEI
1564–1642 ital. Physiker, Astronom,
Mathematiker

Alles auf einmal tun wollen zerstört alles auf einmal.
GEORG CHRISTOPH LICHTENBERG
1742–1799 dt. Schriftsteller und Physiker

Der gerade Weg ist der kürzeste, aber es dauert meist am längsten, bis man auf ihm zum Ziele gelangt.
GEORG CHRISTOPH LICHTENBERG
1742–1799 dt. Schriftsteller und Physiker

Die letzte Hand an sein Werk legen, das heißt verbrennen.
GEORG CHRISTOPH LICHTENBERG
1742–1799 dt. Schriftsteller und Physiker

Ich kann freilich nicht sagen, ob es besser werden wird, wenn es anders wird; aber so viel kann ich sagen: Es muss anders werden, wenn es gut werden soll.
GEORG CHRISTOPH LICHTENBERG
1742–1799 dt. Schriftsteller und Physiker

Leicht ist, anderen zu raten, schwer oft, für sich selbst das Rechte zu erkennen. GEORG CHRISTOPH LICHTENBERG
1742–1799 dt. Schriftsteller und Physiker

Der einzige Mensch, der sich vernünftig benimmt, ist mein Schneider. Er nimmt jedes Mal neu Maß, wenn er mich trifft, während alle anderen immer die alten Maßstäbe anlegen in der Meinung, sie passten auch heute noch.
GEORGE BERNARD SHAW
1856–1950 ir. Dramatiker

Was wir brauchen, sind ein paar verrückte Leute; seht euch an, wohin uns die Normalen gebracht haben.
GEORGE BERNARD SHAW
1856–1950 ir. Dramatiker

Strebe in allem nach Vollkommenheit, obwohl sie in den meisten Dingen unerreichbar ist. Wer sich konsequent um sie bemüht, wird ihr viel näher kommen als andere, die sie aus Faulheit und Mutlosigkeit als unerreichbar abschreiben.
GILBERT KEITH CHESTERTON
1874–1936 engl. Schriftsteller

Die eigenen Angestellten sollten die besten Kunden sein.
HENRY FORD
1863–1947 US-Industrieller,
Gründer von Ford

**Es ist nicht der Unternehmer, der die Löhne zahlt –
er übergibt nur das Geld. Es ist das Produkt, das die Löhne
zahlt.** HENRY FORD
1863–1947 US-Industrieller,
Gründer von Ford

**Nicht mit Erfindungen, sondern mit Verbesserungen macht
man Vermögen.** HENRY FORD
1863–1947 US-Industrieller,
Gründer von Ford

**Qualität bedeutet, etwas ordentlich zu erledigen,
auch wenn niemand zuschaut.**
HENRY FORD
1863–1947 US-Industrieller,
Gründer von Ford

**Scheitern ist lediglich eine Chance, von neuem
zu beginnen, und es diesmal intelligenter anzufangen.**
HENRY FORD
1863–1947 US-Industrieller,
Gründer von Ford

Die Qualität bleibt, auch wenn die Preise vergessen sind.
SIR HENRY ROYCE
1863–1933 engl. Unternehmer,
Mitbegründer von Rolls-Royce

**Kleinigkeiten sind es, die Perfektion ausmachen –
aber Perfektion ist alles andere als eine Kleinigkeit.**
Sir Henry Royce
1863–1933 engl. Unternehmer,
Mitbegründer von Rolls-Royce

Der kürzeste Weg zum Ruhm ist gut zu werden.
Heraklit von Ephesus
um 530–480 v. Chr., griech. Philosoph

**Qualität bedeutet, dass der Kunde und nicht die Ware
zurückkommt.**
Hermann Tietz
1837–1907 dt. Kaufmann,
Gründer von Hertie

**Die wichtigste Loyalität des Künstlers ist jene gegenüber
der Qualität.**
Jean-Louis Barrault
1910–1994 frz. Schauspieler, Regisseur

Wurzeln, die tief in die Erde reichen, berührt der Frost nicht.
John Ronald Reuel Tolkien
1892–1973 engl. Schriftsteller,
Romanautor

**Qualität ist kein Zufall, sie ist immer das Ergebnis
angestrengten Denkens.**
John Ruskin
1819–1900 engl. Kunstkritiker,
Sozialreformer

**Wer einen Fehler gemacht hat und ihn nicht korrigiert,
begeht einen zweiten.**
Konfuzius
551–479 v. Chr., chin. Philosoph

Man muss Dinge so tief sehen, dass sie einfach werden.
　　　　　　　　　　　　　　　KONRAD ADENAUER
　　　　　　　　　　　　　　　1876–1967 erster dt. Bundeskanzler

Die Basis einer gesunden Ordnung ist ein großer Papierkorb.
　　　　　　　　　　　　　　　KURT TUCHOLSKY
　　　　　　　　　　　　　　　1890–1935 dt. Schriftsteller

Erfahrung heißt gar nichts. Man kann seine Sache auch 35 Jahre schlecht machen.
　　　　　　　　　　　　　　　KURT TUCHOLSKY
　　　　　　　　　　　　　　　1890–1935 dt. Schriftsteller

Es kommt nicht darauf an, wie eine Sache ist, es kommt darauf an, wie sie wirkt.
　　　　　　　　　　　　　　　KURT TUCHOLSKY
　　　　　　　　　　　　　　　1890–1935 dt. Schriftsteller

Die Art, wie man eine Sache tut, ist oft wichtiger als die Sache selbst.
　　　　　　　　　　　　　　　PHILIP STANHOPE
　　　　　　　　　　　　　　　EARL OF CHESTERFIELD
　　　　　　　　　　　　　　　1694–1773 engl. Politiker, Schriftsteller

Was verdient, getan zu werden, verdient es auch, gut getan zu werden.
　　　　　　　　　　　　　　　PHILIP STANHOPE
　　　　　　　　　　　　　　　EARL OF CHESTERFIELD
　　　　　　　　　　　　　　　1694–1773 engl. Politiker, Schriftsteller

Tue nie etwas halb, sonst verlierst du mehr, als du je wieder einholen kannst.
　　　　　　　　　　　　　　　LOUIS ARMSTRONG
　　　　　　　　　　　　　　　1901–1971 US-Jazzmusiker

Es ist mehr die Qualität als die Quantität, die zählt.
Lucius Annaeus Seneca
4 v. Chr.–65 n. Chr., röm. Philosoph, Staatsmann

Sich selbst darf man nicht für so göttlich halten, dass man seine eigenen Werke nicht gelegentlich verbessern könnte.
Ludwig van Beethoven
1770–1827 dt./österr. Komponist

Geduld ist eine gute Eigenschaft. Aber nicht, wenn es um die Beseitigung von Missständen geht.
Margaret Thatcher
*1925 engl. Premierministerin

Im Entwurf zeigt sich das Talent, in der Ausführung die Kunst.
Marie von Ebner-Eschenbach
1830–1916 österr. Schriftstellerin

Unkraut wächst in zwei Monaten, eine Rose braucht dafür ein ganzes Jahr.
Melvana Celaleddin Rumi
1207–1273 islam. Mystiker und Dichter

Nur wenn man das kleinste Detail im Griff hat, kann man präzise arbeiten.
Niki Lauda
*1949 österr. Rennfahrer, Unternehmer

In diesem Augenblick das Beste zu tun, bringt dich in die beste Situation für den nächsten Augenblick.
Oprah Winfrey
*1954 US-Moderatorin, Schauspielerin

**Ich habe einen ganz einfachen Geschmack:
Ich bin immer mit dem Besten zufrieden.**

OSCAR WILDE
1854–1900 ir. Schriftsteller

Unzufriedenheit ist der erste Schritt zum Erfolg.

OSCAR WILDE
1854–1900 ir. Schriftsteller

**Jeder Mensch macht Fehler. Das Kunststück liegt darin,
sie dann zu machen, wenn keiner zuschaut.**

PETER ALEXANDER USTINOV
1921–2004 engl. Schriftsteller,
Schauspieler

Die Zahl ist das Wesen aller Dinge.

PYTHAGORAS
582–497 v. Chr., griech. Mathematiker

Ich lasse nicht locker.

ROBERT KOCH
1843–1910 dt. Bakteriologe,
Nobelpreisträger

**Haben Sie bloß keine Angst vor Perfektion,
Sie erreichen sie sowieso nicht.**

SALVADOR DALÍ
1904–1989 span. Künstler

Gut ist nicht gut, wo Besseres erwartet wird.

THOMAS FULLER
1608–1661 engl. Schriftsteller, Historiker,
Mönch

Vertagung ist einem Fehler vorzuziehen.
Thomas Jefferson
1743–1826 3. US-Präsident

Ich wollte immer besser sein, als ich tatsächlich war. Das hat mich vorangetrieben.
Tina Turner
*1939 US-Sängerin

Es ist mein Job, nie zufrieden zu sein.
Wernher von Braun
1912–1977 dt./amerik. Raketenforscher

Grundlagenforschung betreibe ich dann, wenn ich nicht weiß, was ich tue.
Wernher von Braun
1912–1977 dt./amerik. Raketenforscher

Strategie und Vision

Der Horizont der meisten Menschen ist ein Kreis mit dem
Radius null. Und das nennen sie ihren Standpunkt.
>   Albert Einstein
>   1879–1955 dt. Physiker, Nobelpreisträger

Der Intellekt hat ein scharfes Auge für Methoden und
Werkzeuge, aber er ist blind gegen Ziele und Werte.
>   Albert Einstein
>   1879–1955 dt. Physiker, Nobelpreisträger

Eine wirklich gute Idee erkennt man daran,
dass ihre Verwirklichung von vornherein ausgeschlossen
erschien.
>   Albert Einstein
>   1879–1955 dt. Physiker, Nobelpreisträger

Mehr als die Vergangenheit interessiert mich die Zukunft,
denn in ihr gedenke ich zu leben.
>   Albert Einstein
>   1879–1955 dt. Physiker, Nobelpreisträger

Phantasie ist wichtiger als Wissen,
denn Wissen ist begrenzt.
>   Albert Einstein
>   1879–1955 dt. Physiker, Nobelpreisträger

Was wirklich zählt, ist Intuition.
>   Albert Einstein
>   1879–1955 dt. Physiker, Nobelpreisträger

Keine Zukunft vermag gut zu machen, was du in der
Gegenwart versäumst.
>   Albert Schweitzer
>   1875–1965 dt. Arzt

Geh nicht immer auf dem vorgezeichneten Weg, der nur dahin führt, wo andere bereits gegangen sind.

ALEXANDER GRAHAM BELL
1847–1922 engl. Erfinder

Frauen inspirieren uns zu großen Dingen – und hindern uns dann, sie auszuführen.

ALEXANDRE DUMAS
1824–1895 frz. Schriftsteller

Deine Absicht erst gibt deinem Werke seinen Namen.

AMBROSIUS VON MAILAND
240–397 ital. Bischof

Die Zeit ist der Stoff, aus dem die großen Unternehmungen gemacht werden.

ANATOLE FRANCE
1844–1924 frz. Historiker, Lyriker, Nobelpreisträger

Wir müssen nicht nur arbeiten, sondern auch träumen; nicht nur handeln, sondern auch glauben.

ANATOLE FRANCE
1844–1924 frz. Historiker, Lyriker, Nobelpreisträger

Mit der Macht kann man nicht flirten, man muss sie heiraten.

ANDRÉ MALRAUX
1901–1976 frz. Politiker

Visionen haben einen glücklichen Instinkt: sie zeigen sich nur denen, die an sie glauben müssen.

ANTOINE DE RIVARÓL
1753–1801 frz. Moralist und Übersetzer

Dem Geld darf man nicht nachlaufen, man muss ihm
entgegenkommen. ARISTOTELES ONASSIS
1906–1975 griech. Reeder

Eine Chance zu sehen, ist keine Kunst.
Die Kunst ist, eine Chance als Erster zu sehen.
BENJAMIN FRANKLIN
1760–1790 US-Staatsmann

Wer die Freiheit aufgibt, um Sicherheit zu gewinnen,
der wird am Ende beides verlieren.
BENJAMIN FRANKLIN
1760–1790 US-Staatsmann

Wer grundlegende Freiheiten aufgibt, um etwas Sicherheit
zu gewinnen, verdient weder Freiheit noch Sicherheit.
BENJAMIN FRANKLIN
1760–1790 US-Staatsmann

Das große Karthago führte drei Kriege. Nach dem
ersten war es noch mächtig. Nach dem zweiten war es
noch bewohnbar. Nach dem dritten war es nicht
mehr zu finden. BERTOLT BRECHT
1898–1956 dt. Schriftsteller

Als der Pflug erfunden wurde, haben einige gesagt, das ist
schlecht – dasselbe war beim Buch, beim Telefon, beim
Auto, beim Fernsehen und bei fast jeder neuen Technologie.
Das war immer so und wird immer so sein. Die nächste
Generation hat die neue Technologie dann aber jedes Mal
als völlig selbstverständlich betrachtet.
BILL GATES
*1955 US-Unternehmer,
Gründer von Microsoft

Strategie und Vision

Ohne Spekulation gibt es keine neue Beobachtung.
>> CHARLES DARWIN
>> 1809–1882 engl. Naturwissenschaftler

Wer zu den Sternen reisen will, der sehe sich nicht nach Gesellschaft um.
>> CHRISTIAN FRIEDRICH HEBBEL
>> 1813–1863 dt. Dichter

Vergangenheit wie Zukunft sind nur Formen der Gegenwart.
>> CHRISTIAN MORGENSTERN
>> 1871–1914 dt. Schriftsteller

Unternehmensführung ist nicht die Beschäftigung mit Gegenwartsproblemen, sondern die Gestaltung der Zukunft.
>> DANIEL GOEUDEVERT
>> *1942 dt./frz. Vorstandsmitglied VW a.D.

Der Mut, sich das andere vorzustellen, ist unser größtes Potential.
>> DANIEL JOSEPH BOORSTIN
>> 1914–2004 US-Historiker

Der Ausgangspunkt für die großartigsten Unternehmungen liegt oft in kaum wahrnehmbaren Gelegenheiten.
>> DEMOSTHENES
>> 384–322 v. Chr., griech. Redner

Kleine Gelegenheiten sind oftmals der Beginn von großen Unternehmungen.
>> DEMOSTHENES
>> 384–322 v. Chr., griech. Redner

**Wer einen Krieg recht führen will, muss nicht
den Ereignissen nachgehen, sondern den Ereignissen
vorauseilen.** DEMOSTHENES
384–322 v. Chr., griech. Redner

**Wenn ich den Gegner übervorteile, dann muss ich
nicht nur den Vorteil darin erkennen können, sondern
ebenso berücksichtigen, wie er mir dabei Schaden
zufügen könnte.** DU MU
803–852 chin. Sekretär des Großen
Rates, Tang Dynastie

**Wer den Triumph seiner Gegner überwinden will,
tue dies, bevor die Bedrohung Form annimmt.**
DU MU
803–852 chin. Sekretär des Großen
Rates, Tang Dynastie

Der einzig wahre Realist ist der Visionär.
FEDERICO FELLINI
1920–1993 ital. Regisseur

**Ein Kluger wird sich mehr Gelegenheiten schaffen,
als sich ihm bieten.** SIR FRANCIS BACON
1561–1626 engl. Philosoph,
Lordkanzler

**Wenn Zukunft eine Perspektive ist, dann sollte man in der
Gegenwart damit beginnen, sie zu gestalten.**
SIR FRANCIS BACON
1561–1626 engl. Philosoph,
Lordkanzler

Wer sich zuviel mit Kleinem abgibt, wird meist unfähig
für das Große. FRANÇOIS VI.
DE LA ROCHEFOUCAULD
1613–1680 frz. Schriftsteller

Wege entstehen dadurch, dass man sie geht.
FRANZ KAFKA
1883–1924 deutschsprachiger
Schriftsteller

Wenn man die Zukunft vorzeitig weckt,
bekommt man eine verschlafene Gegenwart.
FRANZ KAFKA
1883–1924 deutschsprachiger
Schriftsteller

Auch zu normalen Zeiten ist es bekanntlich eine der wichtigsten Aufgaben der Geschäftsführung, langfristige Zielvorstellungen zu erarbeiten, die zum Ausdruck bringen, wie das Unternehmen in etwa zehn Jahren aussehen soll. Rascher Wandel, Anpassungsdruck vom Markt und von der Technik her, Zwang zu kurzfristiger Ertragsverbesserung usw. nehmen dieser Aufgabe nichts von ihrer Bedeutung – im Gegenteil. Die Veränderung kann nur erfolgreich sein, wenn sie auf ein klares und langfristiges Ziel ausgerichtet ist; denn auch der beschleunigte Wandel, in dem wir uns befinden, ist nicht ein Vorgang von wenigen Jahren. Dabei geht es nicht um Planspiele oder um die Entwicklung engmaschiger Systeme. FRANZ LUTERBACHER
*1918 Verwaltungsratspräsident Arsea
Brown Boveri a.D.

Groß zuschneiden, klein anfangen.
>   FRIEDRICH KARL MOSER
>   FREIHERR VON FILSECK
>   1723–1798 dt. Schriftsteller

Sammle dich zu jeglichem Geschäfte, nie zersplittere deine Kräfte.
>   FRIEDRICH VON BODENSTEDT
>   1819–1892 dt. Schriftsteller

Man muss etwas Neues machen, um etwas Neues zu sehen.
>   GEORG CHRISTOPH LICHTENBERG
>   1742–1799 dt. Schriftsteller und Physiker

Du siehst Dinge und fragst: Warum?
Doch ich träume von Dingen und sage: Warum nicht?
>   GEORGE BERNARD SHAW
>   1856–1950 ir. Dramatiker

Systeme sind umso störanfälliger, je starrer sie organisiert sind.
>   GERTRUD HÖHLER
>   dt. Managementberaterin, Publizistin

Für den Bau von Luftschlössern gibt es keine architektonischen Regeln.
>   GILBERT KEITH CHESTERTON
>   1874–1936 engl. Schriftsteller

Der Langsamste, der sein Ziel nicht aus den Augen verliert, geht noch immer geschwinder als jener, der ohne Ziel umherirrt.
>   GOTTHOLD EPHRAIM LESSING
>   1729–1781 dt. Dichter

**Liberal ist, wer die Zeichen der Zeit erkennt und
danach handelt.** GUSTAV STRESEMANN
1878–1929 dt. Politiker, Reichskanzler

**Wenn Unternehmer nicht mehr an den Markt glauben,
wären sie keine Unternehmer, sondern Funktionäre.
Wer aber nur an den Markt glaubt, ist abergläubisch.**
HANS KÜNG
*1928 schweizer. kath. Theologe

Innovation ist, wenn man trotzdem weitermacht.
HANS-JÜRGEN QUADBECK-SEEGER
*1939 dt. Chemiker

**Innovationen sind keine Naturereignisse, wir müssen
sie wollen und durchsetzen.**
HANS-JÜRGEN QUADBECK-SEEGER
*1939 dt. Chemiker

Der Kaufmann hat in der ganzen Welt dieselbe Religion.
HEINRICH HEINE
1797–1856 dt. Dichter

**Auf die Beschaffenheit des Tages selbst zu wirken,
das ist die höchste Kunst.**
HENRY DAVID THOREAU
1817–1862 US-Philosoph, Schriftsteller

**Auf lange Sicht erreichen die Menschen nur das,
worauf sie zielen.** HENRY DAVID THOREAU
1817–1862 US-Philosoph, Schriftsteller

Wenn du Schlösser in die Luft gebaut hast, so braucht deine Arbeit nicht umsonst zu sein; dort gehören sie nämlich hin. Und nun gehe daran, die Fundamente unter sie zu bauen. HENRY DAVID THOREAU
1817–1862 US-Philosoph, Schriftsteller

Wenn ich die Menschen gefragt hätte, was sie wollen, hätten sie gesagt, schnellere Pferde.
HENRY FORD
1863–1947 US-Industrieller,
Gründer von Ford

Wenn Sie einen Dollar in ihr Unternehmen stecken wollen, so müssen Sie einen weiteren bereithalten, um das bekannt zu machen. HENRY FORD
1863–1947 US-Industrieller,
Gründer von Ford

Eine Idee ist nichts anderes als der Begriff von einer Vollkommenheit, die sich in der Erfahrung noch nicht vorfindet. IMMANUEL KANT
1724–1804 dt. Philosoph

Es gibt nichts Praktischeres als eine gute Theorie.
IMMANUEL KANT
1724–1804 dt. Philosoph

Willst du dich am Ganzen erquicken, musst du das Ganze im Kleinsten erblicken. JOHANN WOLFGANG VON GOETHE
1742–1832 dt. Schriftsteller

Man macht sich die Träume selbst.
> JOHN LENNON
> 1940–1980 engl. Musiker,
> Mitglied der Beatles

Statt unablässig den Verlust der alten Industrien zu bejammern, müssen wir uns einfach dem Abenteuer stellen, neue Industrien zu entwickeln.
> JOHN NAISBITT
> *1930 US-Prognostiker

Vision ist die Kunst, Unsichtbares zu sehen.
> JONATHAN SWIFT
> 1667–1745 ir. Erzähler, Theologe

Alles, was ein Mensch sich heute vorstellen kann, werden andere Menschen einst verwirklichen.
> JULES VERNE
> 1828–1905 frz. Schriftsteller, früher Vertreter des Science-Fiction-Romans

Man muss das Gestern kennen, man muss auch an das Gestern denken, wenn man das Morgen wirklich gut und dauerhaft gestalten will.
> KONRAD ADENAUER
> 1876–1967 erster dt. Bundeskanzler

Nur wer sein Ziel kennt, findet auch den Weg.
> LAOTSE
> um 300 v. Chr., chin. Philosoph

Binde deinen Karren an einen Stern.
LEONARDO DA VINCI
1452–1519 ital. Maler, Bildhauer,
Universalgenie

Es wird Wagen geben, die von keinem Tier gezogen werden
und mit unglaublicher Gewalt daher fahren.
LEONARDO DA VINCI
1452–1519 ital. Maler, Bildhauer,
Universalgenie

Wer seinem Stern folgt, der kehre nicht um.
LEONARDO DA VINCI
1452–1519 ital. Maler, Bildhauer,
Universalgenie

Große Gedanken brauchen nicht nur Flügel,
sondern auch ein Fahrgestell zum Landen.
LOUIS ARMSTRONG
1901–1971 US-Jazzmusiker

Um große Dinge zu vollführen, muss man leben,
als sterbe man nie. LUC DE CLAPIERS
MARQUIS DE VAUVENARGUES
1715–1747 frz. Philosoph

Es ist leichter, draußen zu bleiben als auszusteigen.
MARK TWAIN
1835–1910 US-Schriftsteller

Trenne dich nie von deinen Illusionen und Träumen. Wenn
sie verschwunden sind, wirst du weiter existieren, aber aufgehört haben zu leben. MARK TWAIN
1835–1910 US-Schriftsteller

Unser Leben ist das, wozu es unser Denken macht.
MARCUS AURELIUS
121–180 röm. Kaiser

Du und ich, wir fahren auf der Straße oder mit der Bahn –
aber Wirtschaftsexperten reisen auf der Infrastruktur.
MARGARET THATCHER
*1925 engl. Premierministerin

Plötzlich weißt du: Es ist Zeit, etwas Neues zu beginnen und
dem Zauber des Anfangs zu vertrauen.
MEISTER ECKHART
1260–1327 dt. Provinzial der Dominikaner

Die Idee ist da, in dir eingeschlossen.
Du musst nur den überzähligen Stein entfernen.
MICHELANGELO BUONARROTI
1475–1564 ital. Maler, Bildhauer,
Architekt

Ich wäre lieber in irgendeinem Dorf der Erste als in Paris
der Zweite.
NAPOLEON BONAPARTE
1769–1821 frz. Kaiser, Feldherr

Man kann den Dingen den ersten Anstoß geben,
doch sie tragen dich davon.
NAPOLEON BONAPARTE
1769–1821 frz. Kaiser, Feldherr

Man kann den Teil nicht verlieren, ohne dass das Ganze
schwankt.
NICCOLÓ MACHIAVELLI
469–1527 ital. Politiker

Was man heute als Science Fiction beginnt,
wird man morgen vielleicht als Reportage zu Ende
schreiben müssen. NORMAN MAILER
1923–2007 US-Schriftsteller

Auch der Zufall ist nicht unergründlich.
Er hat seine Regelmäßigkeit.
NOVALIS
1772–1801 dt. Dichter

Hypothesen sind Netze; nur der wird fangen, der auswirft.
NOVALIS
1772–1801 dt. Dichter

Denke strategisch und handle immer langfristig.
OLEG WLADIMIROWITSCH
DERIPASKA
*1968 russ. Investor, Oligarch

Das Durchschnittliche gibt der Welt ihren Bestand,
das Außergewöhnliche ihren Wert.
OSCAR WILDE
1854–1900 ir. Schriftsteller

Fortschritt ist die Verwirklichung von Utopien.
OSCAR WILDE
1854–1900 ir. Schriftsteller

Günstige Winde kann nur der nutzen,
der weiß, wohin er will. OSCAR WILDE
1854–1900 ir. Schriftsteller

**Versuchungen sollte man nachgeben.
Wer weiß, ob sie wiederkommen.**
> Oscar Wilde
> 1854–1900 ir. Schriftsteller

**Je weiter wir die Grenzen der Freiheit nach Osten
verschieben, desto sicherer wird die Mitte.**
> Otto von Habsburg
> *1912 EU-Politiker, Sohn des letzten
> österr. Kaisers

**Manche machen aus der Sonne einen gelben Punkt.
Andere machen aus einem gelben Punkt eine Sonne.**
> Pablo Picasso
> 1881–1973 span. Maler, Bildhauer

**Die Entscheidungen waren nur der Anfang von etwas.
Wenn man einen Entschluss gefasst hatte, dann tauchte
man damit in eine gewaltige Strömung, die einen mit
sich riss, zu einem Ort, den man sich bei dem Entschluss
niemals hätte träumen lassen.**
> Paulo Coelho
> *1947 bras. Schriftsteller

**Niemand muss das Unbekannte fürchten, weil jeder
Mensch das erreichen kann, was er will und was er braucht.
Wir fürchten uns lediglich vor dem Verlust dessen, was
wir besitzen, fürchten um unser Leben oder die Felder, die
wir bestellt haben. Aber diese Angst vergeht, wenn wir
begreifen, dass unsere Geschichte und die Geschichte der
Erde von derselben Hand geschrieben wurden.**
> Paulo Coelho
> *1947 bras. Schriftsteller

Wer zu spät an die Kosten denkt, ruiniert sein
Unternehmen. Wer zu früh an die Kosten denkt,
tötet die Kreativität. PHILIPP ROSENTHAL
1916–2001 dt. Industrieller

Unternehmer gehen über Grenzen ins Unbekannte –
Manager implementieren das Bekannte.
REINHARD K. SPRENGER
*1953 dt. Unternehmensberater,
Autor, Visionär

Die, welche nur ganz langsam gehen, aber immer den
rechten Weg verfolgen, können viel weiter kommen als die,
welche laufen und auf Abwege geraten.
RENÉ DESCARTES
1596–1650 frz. Philosoph, Mathematiker

Unsere Sehnsüchte sind unsere Möglichkeiten.
ROBERT BROWNING
1812–1889 engl. Dichter

Es ist schwer zu sagen, was unmöglich ist,
denn der Traum von gestern ist die Hoffnung
von heute und die Wirklichkeit von morgen.
ROBERT GODDARD
1882–1945 US-Physiker, Weltraumpionier

Es gibt keinen Schöpfer außer dem Geist.
SIDDHARTHA GAUTAMA
563–483 v. Chr.,
Begründer des Buddhismus

Wir sind, was wir denken. Alles, was wir sind, entsteht
aus unseren Gedanken. Mit unseren Gedanken formen wir
die Welt.
                Siddhartha Gautama
                563–483 v. Chr.,
                Begründer des Buddhismus

Unsere Einstellung der Zukunft gegenüber muss sein:
Wir sind jetzt verantwortlich für das, was in der Zukunft
geschieht.
                Sir Karl Raimund Popper
                1902–1994 österr./engl. Philosoph,
                Wirtschaftstheoretiker

Daher ist es von großer Bedeutung,
die Strategie des Feindes anzugreifen.
                Sun Zi
                um 500 v. Chr., chin. Feldherr, Stratege

Unbesiegbarkeit hängt von einem selbst ab,
die Verwundbarkeit des Gegners von ihm.
                Sun Zi
                um 500 v. Chr., chin. Feldherr, Stratege

Eines Tages werden Maschinen vielleicht denken können,
aber sie werden niemals Phantasie haben.
                Theodor Heuss
                1884–1963 deutscher Politiker,
                erster Bundespräsident der
                Bundesrepublik Deutschland

Ich mag die Träume der Zukunft lieber
als die ganze Geschichte der Vergangenheit.
                Thomas Jefferson
                1743–1826 3. US-Präsident

**Fantasie haben heißt nicht, sich etwas auszudenken –
es heißt, sich aus den Dingen etwas zu machen.**
>
> THOMAS MANN
> 1875–1955 dt. Schriftsteller,
> Nobelpreisträger

**Du kannst dir Ziele in der Zukunft setzen,
aber leben kannst du nur heute.**
>
> UNBEKANNT

Nicht der Wind, sondern die Segel bestimmen den Kurs.
>
> UNBEKANNT

Wenn dir etwas durch den Kopf geht, geh mit.
>
> UNBEKANNT

**Denken ist die Arbeit des Intellekts,
träumen sein Vergnügen.**
>
> VICTOR HUGO
> 1802–1885 frz. Dichter

**Die Zukunft hat viele Namen. Für die Schwachen ist sie das
Unerreichbare, für die Furchtsamen das Unbekannte und für
die Tapferen ist sie die Chance.**
>
> VICTOR HUGO
> 1802–1885 frz. Dichter

**Die Normalität ist eine gepflasterte Straße; man kann gut
darauf gehen – doch es wachsen keine Blumen auf ihr.**
>
> VINCENT VAN GOGH
> 1853–1890 niederl. Maler

Was du träumen kannst, das kannst du auch tun.
WALT DISNEY
1901–1966 US-Filmproduzent

Für augenblicklichen Gewinn verkaufe ich die Zukunft nicht.
WERNER VON SIEMENS
1816–1892 dt. Erfinder,
Gründer Siemens AG

**In Zukunft müssen sich die Utopien beeilen,
wenn sie nicht von der Realität eingeholt werden wollen.**
WERNHER VON BRAUN
1912–1977 dt./amerik. Raketenforscher

**Leitbilder sind keine Visionen einer besseren Welt.
Sie sind ein klares Versprechen, aus Chancen Tatsachen
zu machen.**
WOLF LOTTER
*1962 österr. Journalist, Autor

Trauer und Abschied

**Wer Engel sucht in diesem Leben, findet nie, was ihm
genügt. Wer Menschen sucht, der wird einen Engel finden,
der sich an seine Seite schmiegt.**
           Angelus Silesius
           1624–1677 dt. Arzt, Priester

**Ein Abschied schmerzt immer, auch wenn man sich schon
lange darauf freut.** Arthur Schnitzler
           1862–1931 österr. Schriftsteller

**Der Mensch ist erst wirklich tot,
wenn niemand mehr an ihn denkt.**
           Bertolt Brecht
           1898–1956 dt. Schriftsteller

**Wir alle gehen ins Tal hinab – in welchem Alter wir auch
stehen, denn die Zeit hält keinen Augenblick still.**
           Charles Dickens
           1812–1870 engl. Schriftsteller

An den Scheidewegen des Lebens stehen keine Wegweiser.
           Charlie Chaplin
           1889–1977 engl. Komiker, Schauspieler

**Du siehst die leuchtende Sternschnuppe nur dann,
wenn sie vergeht.** Christian Friedrich Hebbel
           1813–1863 dt. Dichter

**In Wirklichkeit erkennen wir nichts; denn die Wahrheit liegt
in der Tiefe.** Demokrit
           460–370 v. Chr., griech. Philosoph

Die Vorstellung, dass einem das Leben geschenkt worden ist, erscheint mir ungeheuerlich.

ELIAS CANETTI
1905–1994 deutschsprachiger
Schriftsteller, Nobelpreisträger

**Bitte nicht um eine leichte Bürde –
bitte um einen starken Rücken.**

FRANKLIN DELANO ROOSEVELT
1882–1945 32. US-Präsident

**Hast du eine große Freude an etwas gehabt,
so nimm Abschied. Nie kommt es zum zweiten Mal.**

FRIEDRICH NIETZSCHE
1844–1900 dt. Philosoph

**Trotzdem kann ich Ihnen versichern, dass es nicht
ein Reich der Lebenden und daneben ein Reich der Toten
gibt. Es gibt nur das Reich Gottes, und lebend wie tot
sind wir alle sein.**
GEORGE BERNANOS
1888–1948 frz. Schriftsteller

**Das Schicksal wird uns zwar trennen,
nicht aber entzweien können.**

JEAN JACQUES ROUSSEAU
1712–1778 frz./schweizer. Pädagoge,
Schriftsteller

Wer den Tod fürchtet, hat das Leben verloren.

JOHANN GOTTFRIED SEUME
1763–1810 dt. Schriftsteller

Die jüngere Generation ist der Pfeil, die ältere der Bogen.
JOHN STEINBECK
1902–1968 US-Schriftsteller

Es sind die Abschiede, die verbinden.
JOSEF VITAL KOPP
1906–1966 schweizer. Theologe, Autor

**Was die Raupe Ende der Welt nennt,
nennt der Rest der Welt Schmetterling.**
LAOTSE
um 300 v. Chr., chin. Philosoph

Der Schmerz ist der große Lehrmeister der Menschen.
LUDWIG BÖRNE
1786–1838 dt. Schriftsteller

Trost gibt der Himmel, von dem Menschen erwartet man Beistand.
LUDWIG BÖRNE
1786–1838 dt. Schriftsteller

Man stirbt wie man lebte. Das Sterben gehört zum Leben, nicht zum Tod.
LUDWIG MARCUSE
1894–1971 dt. Philosoph

Abschied, die Tür zur Zukunft.
MANFRED HINRICH
*1926 dt. Philosoph, Journalist

Kommen heißt Gehen.
MANFRED HINRICH
*1926 dt. Philosoph, Journalist

Das war's dann. Und tschüss, bis zum nächsten Mal.
>MANFRED SCHRÖDER
>*1938 dt./finn. Dichter

Nicht den Tod sollte man fürchten, sondern dass man nie beginnen wird zu leben.
>MARCUS AURELIUS
>121–180 röm. Kaiser

Wirklich gute Freunde sind Menschen, die uns ganz genau kennen, und trotzdem zu uns halten.
>MARIE VON EBNER-ESCHENBACH
>1830–1916 österr. Schriftstellerin

Die Freunde, die man um vier Uhr morgens anrufen kann, die zählen.
>MARLENE DIETRICH
>1901–1992 dt. Schauspielerin, Sängerin

Auch wenn ich wüsste, dass die Welt morgen zugrunde geht, würde ich heute noch einen Apfelbaum pflanzen.
>MARTIN LUTHER
>1483–1546 dt. Theologe

Ein Abschied verleitet immer dazu, etwas zu sagen, was man sonst nicht ausgesprochen hätte.
>MICHEL DE MONTAIGNE
>1533–1592 frz. Philosoph

Jeder sah, was du scheinest. Nur wenige fühlten, wie du warst.
>NICCOLÓ MACHIAVELLI
>1469–1527 ital. Politiker

Ich werde die Welt durch Tränen ansehen. Vielleicht
werde ich aber Dinge erkennen, die ich mit trockenem Auge
nicht sehen konnte. NICHOLAS WOLTERSTORFF
*1932 US-Philosoph, Theologe

Sterben ist das Auslöschen der Lampe im Morgenlicht,
nicht das Auslöschen der Sonne.
RABINDRANATH TAGORE
1861–1941 ind. Philosoph, Komponist,
Nobelpreisträger

Wolken ziehen vorüber, und die Sonne scheint jeden Tag.
RABINDRANATH TAGORE
1861–1941 engl./ind. Philosoph,
Komponist, Nobelpreisträger

Mit Glauben allein kann man sehr wenig tun,
aber ohne gar nichts. SAMUEL BUTLER
1835–1902 engl. Philosoph

Unter allen Leidenschaften der Seele bringt die Trauer
am meisten Schaden für den Leib.
THOMAS VON AQUIN
um 1270 ital. Theologe und Philosoph

Menschen kann man nicht wegschicken. Man muss sie
gehen lassen. TOMMY SCHMIDLE
*1980 österr. Kommunikations-
wissenschaftler, Werber

Arbeit war dein Leben, Ruhe hat dir nun Gott gegeben.
UNBEKANNT

**Aus unserem Leben bist du gegangen,
in unserem Herzen bleibst du.**
UNBEKANNT

Den Abschied muss man nehmen, nicht erdulden.
UNBEKANNT

**Mancher Mensch hat ein großes Feuer in seiner Seele,
und niemand kommt, um sich daran zu wärmen.**
VINCENT VAN GOGH
1853–1890 niederl. Maler

**Wir bestreiten unseren Lebensunterhalt mit dem, was wir
bekommen, und wir leben von dem, was wir geben.**
SIR WINSTON CHURCHILL
1874–1965 engl. Politiker,
Nobelpreisträger

**Das Leben ist voller Leid, Krankheit, Schmerz –
und zu kurz ist es übrigens auch.**
WOODY ALLEN
*1935 US-Drehbuchautor, Schauspieler,
Regisseur

Eigene Sammlung und Notizen

Eigene Sammlung und Notizen

Autorenübersicht

ADAMS DOUGLAS 1951–2001 engl. Schriftsteller *191*
ADENAUER KONRAD 1876–1967 erster dt. Bundeskanzler *28, 47 f, 89, 113, 128, 165, 181, 194, 204*
AESOP um 600 v. Chr., gr. Dichter *11, 74, 121, 137, 155 f, 175, 220*
ALCOTT AMOS BRONSON 1799–1888 US-Philosoph, Pädagoge *121, 175*
ALI MUHAMMAD *1942 US-Boxweltmeister *130*
ALIGHIERI DANTE 1265–1321 ital. Dichter, Philosoph *15, 45, 79, 109, 159*
ALLEN FRED 1894–1956 US-Radiomoderator *82*
ALLEN WOODY *1935 US-Drehbuchautor, Schauspieler, Regisseur *236*
ALTENBERG PETER 1859–1919 österr. Schriftsteller *132*
AMBROSIUS VON MAILAND 240–397 ital. Bischof *156, 212*
ARISTOTELES 384–322 v. Chr., griech. Philosoph *12, 44, 58, 75 f, 107, 157, 176, 190*
ARMSTRONG LOUIS 1901–1971 US-Jazzmusiker *204, 221*
ARMSTRONG NEIL ALDEN *1930 US-Testpilot, Astronaut, erster Mensch am Mond *147*
ARNDT ERNST MORITZ 1769–1860 dt. Theologe *16, 80 f, 177*
ASH MARY KAY 1918–2001 US-Unternehmerin, Gründerin von Mary Kay Cosmetics *31*
AUERBACH BERTHOLD 1812–1882 dt. Schriftsteller *44*
AUGUSTUS AURELIUS 354–430 röm. Theologe, Bischof, Heiliger *76, 138, 157, 176*
AZNAVOUR CHARLES *1924 frz. Schauspieler, Komponist *78*
BACON SIR FRANCIS 1561–1626 engl. Philosoph, Lordkanzler *17, 81, 109, 140, 160, 192, 215*
BAMM PETER 1897–1975 dt. Schriftsteller *50, 66, 116*
BARRAULT JEAN-LOUIS 1910–1994 frz. Schauspieler, Regisseur *203*
BASEDOW JOHANN BERNHARD 1724–1790 dt. Reformpädagoge, Philosoph *24*
BELL ALEXANDER GRAHAM 1847–1922 engl. Erfinder *74, 175, 212*

Bellermann Erhard Horst *1937 dt. Bauingenieur, Dichter *192*
Bennis Warren Gameliel *1925 US-Wirtschaftswissenschaftler *103*
Bergman Ingmar 1918–2007 schwed. Filmregisseur, Drehbuchautor *111*
Bernanos George 1888–1948 frz. Schriftsteller *232*
Beutelrock Friederike *1889 dt. Autorin *18*
Birkenbihl Vera F. *1946 dt. Autorin, Management-Trainerin *102*
Blank Hans *1933 dt. Unternehmensberater, Manager Thyssen AG *22*
Block Peter US-Unternehmensberater, Autor *33*
Blohm-Harry Marlies *1934 Unternehmerin des Jahres 1986 *93*
Bludau Heinz-Dieter *1949 dt. Lehrer *61*
Bonaparte Napoleon 1769–1821 frz. Kaiser, Feldherr *31, 50, 64, 94 f, 115, 130 f, 147, 194 f, 222*
Bonhoeffer Dietrich 1906–1945 dt. evang. Theologe *80, 177*
Boorstin Daniel Joseph 1914–2004 US-Historiker *214*
Börne Ludwig 1786–1838 dt. Schriftsteller *29, 91, 194, 233*
Brecht Bertolt 1898–1956 dt. Schriftsteller *13 f, 58, 77, 122, 139, 158, 213, 231*
Browning Robert 1812–1889 engl. Dichter *170, 225*
Bruckner Anton 1824–1896 österr. Komponist *12*
Brudzinski Wieslaw *1920 poln. Satiriker *196*
Bubendorfer Thomas *1962 österr. Extrembergsteiger, Autor *37, 101, 134, 171*
Buonarroti Michelangelo 1475–1564 ital. Maler, Bildhauer, Architekt *50, 168, 222*
Busch Wilhelm 1832–1908 dt. Dichter *103 f, 172*
Butler Samuel 1835–1902 engl. Philosoph *235*
Cage John Milton 1912–1992 US-Komponist und Künstler *47*
Camus Albert 1913–1960 frz. Philosoph und Schriftsteller, Nobelpreisträger *11, 74*
Canetti Elias 1905–1994 deutschsprachiger Schriftsteller, Nobelpreisträger *109, 191, 232*
Carlyle Thomas 1795–1881 engl. Historiker *52*
Carnegie Andrew 1953–1919 US-Industrieller *75, 156*

CHAMFORT NICOLAS 1741–1794 frz. Schriftsteller *95, 115, 169*
CHAMFORT SEBASTIEN 1741–1794 frz. Schriftsteller *66*
CHANEL COCO 1883–1971 frz. Modeschöpferin *59*
CHAPLIN CHARLIE 1889–1977 engl. Komiker, Schauspieler *59, 231*
CHESTERTON GILBERT KEITH 1874–1936 engl. Schriftsteller *21 f,
46, 110, 141, 201, 217*
CHURCHILL SIR WINSTON 1874–1965 engl. Politiker, Nobelpreisträger *38 f, 53, 68 f, 104, 185, 196, 236*
CLAUDIUS MATTHIAS 1740–1815 dt. Dichter *94, 146 f*
COCTEAU JEAN 1889–1963 frz. Regisseur, Dichter, Maler *113*
COELHO PAULO *1947 bras. Schriftsteller *38, 116, 224*
COLLINS JOAN *1933 US-Schauspielerin *111*
CONRAN TERENCE ORBY, Sir *1931 engl. Designer, Gründer Habitat Möbelkette *196*
CORNEILLE PIERRE 1606–1648 frz. Dichter *97, 132*
COWARD NOEL 1899–1973 engl. Schauspieler, Komponist *65*
CRAWFORD CINDY *1966 US-Fotomodell, Schauspielerin *177*
CURIE MARIE 1867–1934 poln./franz. Physikerin, Nobelpreisträgerin *49, 130*
DA VINCI LEONARDO 1452–1519 ital. Maler, Bildhauer, Universalgenie *29, 48, 114, 145, 166, 221*
DALÍ SALVADOR 1904–1989 span. Künstler *99, 196, 206*
DARWIN CHARLES 1809–1882 engl. Naturwissenschaftler *78, 122, 159, 214*
DAY DORIS *1924 US-Schauspielerin, Sängerin *15*
DE ALARCÓN JUAN RUIZ um 1580–1640 span. Dramatiker *128*
DE CERVANTES MIGUEL 1547–1616 span. Schriftsteller *108, 122*
DE CLAPIERS LUC MARQUIS DE VAUVENARGUES 1715–1747 frz. Philosoph *29, 90 f, 167, 182, 221*
DE GAULLE CHARLES 1890–1979 frz. General, Politiker *78*
DE LA BRUYÈRE JEAN 1645–1696 frz. Moralist *111*
DE LA ROCHEFOUCAULD FRANÇOIS VI. 1613–1680 frz. Schriftsteller *81 f, 160, 178, 216*
DE LÉVIS JACQUES 1554–1578 frz. Königsberater, General *79, 139*
DE MONTAIGNE MICHEL 1533–1592 frz. Philosoph *234*
DE RIVARÓL ANTOINE 1753–1801 frz. Moralist und Übersetzer *157, 212*
DE ROTHSCHILD JAMES MAYER 1792–1868 dt./frz. Bankier *61*

DE SAINT-EXUPÉRY ANTOINE 1900–1944 frz. Schriftsteller, Flieger *43, 57, 75, 157, 199*
DEMOKRIT 460–370 v. Chr., griech. Philosoph *59, 159, 231*
DEMOSTHENES 384–322 v. Chr., griech. Redner *15, 45, 79, 140, 214 f*
DERIPASKA OLEG WLADIMIROWITSCH *1968 russ. Investor, Oligarch *223*
DESCARTES RENÉ 1596–1650 frz. Philosoph, Mathematiker *35, 99, 149, 225*
DICKENS CHARLES 1812–1870 engl. Schriftsteller *14, 45, 58, 78, 122, 231*
DIETRICH MARLENE 1901–1992 dt. Schauspielerin, Sängerin *234*
DISNEY WALT 1901–1966 US-Filmproduzent *228*
DISRAELI BENJAMIN 1804–1881 engl. Staatsmann *77, 108, 122, 200*
DOSTOJEWSKI FJODOR MICHAILOWITSCH 1821–1881 russ. Schriftsteller *60, 81, 124*
DOYLE SIR ARTHUR CONAN, 1859–1930 engl. Arzt, Kriminalbuchautor *138, 190, 199*
DRÄSEKE JOHANN HEINRICH BERNHARD 1774–1849 dt. Theologe, evang. Bischof *111*
DU MU 803–852 chin. Sekretär des Großen Rates, Tang Dynastie *80, 123, 215*
DUCK DAGOBERT *1947 US-Comicfigur (Vermögen rd. 50 Fantastilliarden Taler) *139*
DUMAS ALEXANDRE 1824–1895 frz. Schriftsteller *212*
DURANT WILLIAM CRAPO 1861–1947 US-Unternehmer, Gründer von GM und Chevrolet *185*
DÜRER ALBRECHT 1471–1528 dt. Maler *12, 194*
DÜRRENMATT FRIEDRICH 1921–1990 schweizer. Schriftsteller *82, 192*
EDISON THOMAS ALVA 1847–1931 US-Erfinder *36 f, 51, 118*
EINSTEIN ALBERT 1879–1955 dt. Physiker, Nobelpreisträger *11, 43, 57, 107, 137, 156, 189, 199, 211*
EISENHOWER DWIGHT D. 1890–1969 34. US-Präsident, Oberbefehlshaber Alliierte Streitkräfte *16, 123*
ELIOT THOMAS STEARNS 1888–1965 US-Schriftsteller, Nobelpreisträger *185*
ELISABETH I. 1533–1603 engl. Königin, zweite Königin auf dem Thron Englands *140*

Engel Johann Jakob 1741–1802 dt. Philosoph *25, 127*
Epichamos 550–460 v. Chr., griech. Dramatiker *80*
Epiktet 50–138 griech. Philosoph *16, 191*
Euklid um 300 v. Chr., griech. Mathematiker *140*
Euripides 480–406 v. Chr., griech. Dichter *17, 60, 123, 140*
Everding August 1928–1999 dt. Regisseur, *13, 76, 199*
Farkas Karl 1893–1971 österr. Kabarettist *47*
Fellini Federico 1920–1993 ital. Regisseur *215*
Feuerbach Ludwig 1804–1872 dt. Philosoph *114, 145*
Fichte Johann Gottlieb 1762–1814 dt. Philosoph *25, 87, 127, 164*
Fielding Henry 1707–1754 engl. Schriftsteller *84*
Finck Werner 1902–1978 dt. Schriftsteller, Schauspieler *103*
Fitzgerald Francis Scott 1896–1940 US-Schriftsteller *35, 124*
Fontane Theodor 1819–1898 dt. Schriftsteller *36, 67, 101, 117 f, 133, 185*
Ford Henry 1863–1947 US-Industrieller, Gründer von Ford *23, 46, 61, 84 f, 110, 142, 163, 180, 202, 219*
France Anatole 1844–1924 frz. Historiker, Lyriker, Nobelpreisträger *121, 175, 212*
Franklin Benjamin 1760–1790 US-Staatsmann *77, 122, 138, 158, 176 f, 213*
Franz von Assisi 1182–1226 ital. Heiliger, Gründer des Franziskanerordens *18, 178*
Franz von Sales 1567–1622 ital. Heiliger, Gründer des Ordens der Salesianerinnen, Bischof von Genf *18, 46, 82, 124, 178*
Freud Sigmund 1856–1939 österr. Psychoanalytiker *99*
Fried Erich 1921–1988 österr. Schriftsteller *80*
Friedell Egon 1878–1938 österr. Schriftsteller *80*
Friedrich II. der Grosse 1712–1786 dt. König v. Preußen *83*
Fromm Erich 1900–1980 dt. Individualpsychologe *177*
Froude A. James 1818–1894 engl. Historiker *164, 180*
Fuller Thomas 1608–1661 engl. Schriftsteller, Historiker, Mönch *101, 206*
Gaius Julius Cäsar 100–44 v. Chr., röm. Feldherr *27, 47, 128, 144*

GALILEI GALILEO 1564–1642 ital. Physiker, Astronom, Mathematiker *141, 161, 200*
GARDNER JOHN W. 1912–2002 US-Staatsmann *27*
GATES BILL *1955 US-Unternehmer, Gründer von Microsoft *14, 78, 200, 213*
GETTY JEAN PAUL 1892–1976 US-Ölindustrieller *87, 111*
GIBBON EDWARD 1737–1794 engl. Schriftsteller *16, 177*
GIDE ANDRÉ 1869–1951 frz. Schriftsteller, Nobelpreisträger *43, 107*
GODDARD ROBERT 1882–1945 US-Physiker, Weltraumpionier *225*
GOEUDEVERT DANIEL *1942 dt./frz. Vorstandsmitglied VW a.D. *214*
GOLDWYN SAMUEL 1882–1974 US-Filmproduzent *184*
GORBATSCHOW MICHAIL *1931 sowj. Politiker, Nobelpreisträger *183*
GORE AL *1948 US-Politiker, Unternehmer, Nobelpreisträger *57, 189*
GRAF STEFFI *1969 dt. Tennisspielerin *51, 117*
GREENE GRAHAM 1904–1991 engl. Schriftsteller *22*
GREENLEAF ROBERT K. 1904–1956 US-Organisationsforscher *170*
GREENSPAN ALAN *1926 US-Notenbankchef *189*
GRILLPARZER FRANZ 1791–1872 österr. Dichter *18, 45, 109, 160, 192*
GUARESCHI GIOVANNI 1908–1968 ital. Journalist, Schriftsteller *60*
HABLÉ ELFRIEDE *1934 öster. Musikerin *109*
HASELSTEINER HANS PETER *1944 österr. Unternehmer (STRABAG) *179*
HAUSCHKA ERNST *1926 dt. Lyriker *80, 123*
HAUSHOFER MAX 1840–1907 dt. Schriftsteller *115*
HAYEK NICOLAS G. *1928 liban./schweiz. Unternehmer, Gründer von Swatch *64*
HE YANXI um 1050 chin. Feldherr *126*
HEBBEL CHRISTIAN FRIEDRICH 1813–1863 dt. Dichter *15, 78, 123, 139, 191, 214, 231*
HEINE HEINRICH 1797–1856 dt. Dichter *22, 84, 126, 142, 179, 218*
HELVÉTIUS CLAUDE ADRIEN 1715–1771 frz. Philosoph *79, 108, 123*
HEMINGWAY ERNEST 1899–1961 US-Schriftsteller *109*
HEPBURN AUDREY 1920–1993 US-Schauspielerin *58*
HEPBURN KATHARINE 1907–2003 US-Schauspielerin (4 Oscars) *63, 113*

HERAKLIT VON EPHESUS um 530–480 v. Chr., griech. Philosoph *23 f, 61, 142, 163, 180, 203*
HESSE HERMANN 1877–1962 dt. Schriftsteller *24, 46, 126, 193*
HEUSS THEODOR 1884–1963 deutscher Politiker, erster Bundespräsident der Bundesrepublik Deutschland *101, 226*
HINRICH MANFRED *1926 dt. Philosoph, Journalist *233*
HÖHLER GERTRUD dt. Managementberaterin, Publizistin *21, 84, 192, 217*
HOMER um 800 v. Chr., griech. Dichter *61, 85*
HOPE BOB 1903–2003 engl./amerik. Schauspieler *45*
HORAZ 65–8 v. Chr., röm. Dichter *24, 85, 127, 143*
HUGO VICTOR 1802–1885 frz. Dichter *52, 171, 227*
HUNDERTWASSER FRIEDENSREICH 1928–2000 österr. Maler, Grafiker *46*
HUXLEY ALDOUS 1894–1963 engl. Schriftsteller *156, 190*
HUXLEY THOMAS 1825–1895 engl. Biologe *37, 52, 196*
JACKSON GEORGE HOLBROOK 1874–1948 engl. Journalist, Autor *141*
JASPERS KARL 1883–1969 dt. Psychiater und Philosoph *27, 47, 193*
JEFFERSON THOMAS 1743–1826 3. US-Präsident *52, 89, 134, 171, 185, 207, 226*
JELZIN BORIS N. 1931–2007 russ. Politiker, ehem. Staatspräsident *14, 78*
JOUBERT JOSEPH 1754–1824 frz. Schriftsteller *88, 112, 164, 193*
JOYCE JAMES 1882–1941 ir. Schriftsteller *24, 86*
KAFKA FRANZ 1883–1924 deutschsprachiger Schriftsteller *18, 82, 140, 160, 216*
KANT IMMANUEL 1724–1804 dt. Philosoph *86, 127, 143, 219*
KARL V. 1500–1558 Kaiser des hl. röm. Reiches *144*
KASPAR HANS 1916–1990 dt. Schriftsteller *22*
KATHARINA VON SIENA 1347–1380 ital. Theologin *27 f*
KENNEDY JOHN FITZGERALD 1917–1963 35. US Präsident *26, 88, 144, 164, 181*
KENNEDY ROBERT 1925–1968 US-Senator *35*
KEYNES JOHN MAYNARD 1883–1946 engl. Ökonom *26*
KING BASIL 1859–1928 kanad./amerik. Kleriker *44*
KING LUTHER MARTIN 1929–1968 US-Geistlicher, Bürgerrechtler *31, 94, 146*

Kishon Ephraim 1924–2005 israel. Schriftsteller *60, 191*
Kissinger Henry *1927 US-Diplomat, Nobelpreisträger *85*
Klimt Gustav 1862–1918 österr. Maler *141*
Kneipp Sebastian 1821–1897 dt. Pfarrer und Hydrotherapeut *66, 149*
Knittel John 1891–1970 schweizer. Schriftsteller *47*
Koch Robert 1843–1910 dt. Bakteriologe, Nobelpreisträger *206*
Kokoschka Oskar 1886–1980 österr. Maler, Schriftsteller *65, 132*
Kolping Adolf 1813–1865 dt. Theologe (Kolpingwerk) *11, 74, 155*
Konfuzius 551–479 v. Chr., chin. Philosoph *28, 89, 113, 128, 145, 165, 181, 203*
Kopp Josef Vital 1906–1966 schweizer. Theologe, Autor *233*
Kostolany André 1906–1999 ungar./amerik. Börsenexperte *43, 121, 190*
Küng Hans *1928 schweizer. kath. Theologe *218*
Lagerfeld Karl *1938 dt. Modeschöpfer, Fotograf *62*
Lahm Hermann *1948 dt. Dichter *110*
Laotse um 300 v. Chr., chin. Philosoph *28, 90, 128, 165, 220, 233*
Laub Gabriel 1928–1998 poln. Schriftsteller *83, 125*
Lauda Niki *1949 österr. Rennfahrer, Unternehmer *115, 205*
Lec Stanislaw Jerzey 1909–1966 poln. Schriftsteller *51, 117*
Lembke Robert 1913–1989 dt. Journalist, Moderator *117*
Lenin Wladimir Iljitsch 1870–1927 russ. Politiker, Revolutionär *39, 172*
Lennon John 1940–1980 engl. Musiker, Mitglied der Beatles *220*
Lessing Gotthold Ephraim 1729–1781 dt. Dichter *126, 141, 162, 217*
Lewin Kurt 1890–1947 US-Sozialpsychologe *28*
Lichtenberg Georg Christoph 1742–1799 dt. Schriftsteller und Physiker *60, 83, 161, 200 f*
Lincoln Abraham 1809–1865 16. US-Präsident *11, 57, 73, 121, 175, 189, 199, 217*
Loren Sophia *1934 ital. Schauspielerin *117*
Lorenz Konrad 1903–1989 österr. Verhaltensforscher, Nobelpreisträger *48*
Lotter Wolf *1962 österr. Journalist, Autor *228*
Lucius Annaeus Seneca 4 v. Chr.– 65 n. Chr., röm. Philosoph, Staatsmann *29, 63, 91, 128, 145, 167, 182, 194, 205*

Luterbacher Franz *1918 Verwaltungsratspräsident Arsea Brown Boveri a.D. *216*
Luther Martin 1483–1546 dt. Theologe *64, 93, 234*
Luxemburg Rosa 1871–1919 poln./dt. Zeitkritikerin, Autorin *133*
Machiavelli Niccoló 1469–1527 ital. Politiker *32, 131, 195, 222, 234*
Madonna *1958 US-Sängerin, Schauspielerin *194*
Magnani Anna 1908–1973 ital. Schauspielerin *122*
Mahatma Gandhi 1869–1948 ind. Freiheitskämpfer *48, 92, 114, 129, 167*
Mahler Gustav 1860–1911 österr. Komponist, Dirigent, Operndirektor *60, 142*
Mailer Norman 1923–2007 US-Schriftsteller *223*
Malraux André 1901–1976 frz. Politiker *156, 212*
Mandela Nelson * 1918 südafrik. Anti-Apartheid-Kämpfer, erster farbiger Präsident Südafrikas *95, 131*
Mann Thomas 1875–1955 dt. Schriftsteller, Nobelpreisträger *102, 227*
Marcus Aurelius 121–180 röm. Kaiser *49, 63, 92, 129, 146, 168, 222, 234*
Marcus Tullius Cicero 106–43 v. Chr., röm. Redner, Politiker, Philosoph *49, 63, 92, 129, 146, 183*
Marcuse Ludwig 1894–1971 dt. Philosoph *233*
Marx Karl 1818–1883 dt. Soziologe *27*
Mastroianni Marcello 1924–1996 ital. Schauspieler *129*
Maugham William Somerset 1874–1965 engl. Schriftsteller *185*
McCarthy Eugen 1916–2005 US-Politiker *45*
Meister Eckhart 1260–1327 dt. Provinzial der Dominikaner *31, 168, 222*
Meng um 1000 chin. Feldherr *130*
Mengtse 371–287 v. Chr., chin. Moralist *94*
Mill John Stuart 1806–1873 engl. Philosoph, Ökonom *62*
Miller Henry *1953 US-Schauspieler *85*
Mitterrand François 1916–1996 frz. Staatspräsident *81*
Mizner Wilson 1876–1933 US-Texter, Unternehmer *68, 104*
Möbus Willi 1890–1970 dt. Wissenschaftsredakteur, Mitbegründer von TELI e.V. *118*

MOHN REINHARD *1921 dt. Unternehmer, Stifter (Bertelsmann) *35*
MONTESSORI MARIA 1870–1952 ital. Ärztin, Reformpädagogin *146*
MORGENSTERN CHRISTIAN 1871–1914 dt. Schriftsteller *15, 139, 159, 214*
MOSER FRIEDRICH KARL FREIHERR VON FILSECK 1723–1798 dt. Schriftsteller *217*
MOZART WOLFGANG AMADEUS 1756–1791 österr. Komponist *69*
MÜNCHMEYER HEINRICH ALWIN 1908–1990 dt. Unternehmer, Präsident des dt. Industrie- und Handelstages *193*
NADOLNY STEN *1942 dt. Schriftsteller *101*
NAISBITT JOHN *1930 US-Prognostiker *26, 220*
NESTROY JOHANN NEPOMUK 1801–1862 österr. Bühnenautor *88, 143*
NEWIS EDWIN C. US-Psychologe, Organisationsberater *59*
NEWTON SIR ISAAC 1643–1727 engl. Physiker *24, 86, 111, 163*
NIEDERREUTHER THOMAS 1009–1990 dt. Schriftsteller *67*
NIETZSCHE FRIEDRICH 1844–1900 dt. Philosoph *19 f, 83, 124 f, 141, 161, 179, 232*
NIXON RICHARD 1913–1994 37. US-Präsident *170*
NORDHOFF HEINRICH 1899–1968 VW-Vostandsvorsitzender *110*
NOVALIS 1772–1801 dt. Dichter, Bergbauingenieur *65, 169, 223*
ONASSIS ARISTOTELES 1906–1975 griech. Reeder *44, 58, 76, 176, 213*
ORWELL GEORGE 1903–1950 engl. Schriftsteller, Journalist *125, 141*
OVID 43 v. Chr.–17 n. Chr., röm. Dichter *32 f, 50, 96, 147 f, 184*
PASTEUR LOUIS 1822–1895 frz. Chemiker, Mikrobiologe *29, 128, 166, 182*
PATTON GEORGE 1885–1945 US-General *83*
PEARL SYDENSTRICKER BUCK 1892–1973 US-Schriftstellerin, Nobelpreisträgerin *116*
PELE *1940 bras. Fußball-Legende *97*
PESTALOZZI JOHANN HEINRICH 1746–1827 schweizer. Pädagoge, Sozialreformer *112*
PICASSO PABLO 1881–1973 span. Maler, Bildhauer *33, 50, 115, 224*
PIËCH URSULA Gattin von Ferdinand Piëch *1937, Aufsichtsratsvors. VW *68*

PISCHETSRIEDER BERND *1948 dt. Manager, Vorstandsvors. VW *58*
PLANCK MAX 1858–1947 dt. Physiker, Nobelpreisträger *31, 94*
PLATO 427–347 v. Chr., griech. Philosoph *34, 50 f, 98, 133, 170*
PLAUTUS TITUS MACCIUS 250–184 v. Chr., röm. Dichter *118*
POLO MARCO 1254–1324 ital. Seefahrer, Entdecker *146*
POPPER SIR KARL RAIMUND 1902–1994 österr./engl. Philosoph, Wirtschaftstheoretiker *36, 99, 170, 226*
POWELL JOHN ENOCH 1912–1998 engl. Politiker *62*
PROUST MARCEL 1871–1922 frz. Schriftsteller *30*
PYTHAGORAS 582–497 v. Chr., griech. Mathematiker *149, 206*
QUADBECK-SEEGER HANS-JÜRGEN *1939 dt. Chemiker *218*
QUBEIN NIDO *1948 US-Unternehmensberater *169*
RABINDRANATH TAGORE 1861–1941 ind. Philosoph, Komponist, Nobelpreisträger *235*
RALPH WALDO EMERSON 1803–1882 US-Philosoph *34, 66, 98, 184*
RATHENAU WALTHER 1867–1922 dt. Politiker *103*
REICH ROBERT BERNARD *1946 US-Lehrer, ehm. Staatssekretär *116*
RENARD JULES 1864–1910 frz. Autor *62, 112*
RENOIR AUGUSTE 1841–1919 frz. Maler (Impressionist) *176*
RICKOVER HYMAN 1900–1986 US-General *47*
ROCKEFELLER NELSON A. 1908–1979 US-Vizepräsident, Öl-Unternehmer *32*
ROGERS WILL 1879–1935 US-Entertainer *172*
ROOSEVELT FRANKLIN DELANO 1882–1945 32. US-Präsident *82, 124, 140, 232*
ROOSEVELT THEODORE 1858–1919 26. US-Präsident, Nobelpreisträger *17 f, 101*
ROSEGGER PETER 1843–1918 österr. Schriftsteller *66, 116*
ROSENTHAL PHILIPP 1916–2001 dt. Industrieller *97, 184, 225*
ROUSSEAU JEAN JACQUES 1712–1778 frz./schweizer. Pädagoge, Schriftsteller *87, 164, 180, 193, 232*
ROYCE HENRY, Sir 1863–1933 engl. Unternehmer, Mitbegründer von Rolls–Royce *202 f*
RÜCKERT FRIEDRICH 1788–1866 dt. Dichter *19, 109, 124, 160*
RUMI MELVANA CELALEDDIN 1207–1273 islam. Mystiker und Dichter *205*
RUSKIN JOHN 1819–1900 engl. Kunstkritiker, Sozialreformer *181, 203*

Russel Mark *1932 US-Komödienschauspieler *64*
Saadi 1190 – 1283 pers. Dichter *170*
Saint-Beuve Augustin 1804–1869 frz. Kritiker, Schriftsteller *76*
Sallust 86–36 v. Chr., röm. Historiker *35, 99, 149*
Salomo um 65–925 v. Chr., König von Juda u. Israel, Sohn Davids *117*
Santayana George 1863–1952 US-Philosoph, Schriftsteller *192*
Satir Virginia 1916–1988 US-Familientherapeut *37*
Schmid Bernd *1946 dt. Unternehmensberater *13*
Schmidle Tommy *1980 österr. Kommunikationswissenschafter, Werber *235*
Schnitzler Arthur 1862–1931 österr. Schriftsteller *231*
Schopenhauer Arthur 1788–1860 dt. Philosoph *12 f, 76, 157, 176, 191*
Schröder Manfred *1938 dt./finn. Dichter *234*
Schweitzer Albert 1875–1965 dt. Arzt *156, 211*
Sculley John *1939 US-Manager, Chairman Apple Computer a.D. *27*
Seume Johann Gottfried 1763–1810 dt. Schriftsteller *232*
Shakespeare William 1564–1616 engl. Dramatiker *38, 68, 151 f*
Shaw George Bernard 1856–1950 ir. Dramatiker *21, 46, 141, 162, 179, 201, 217*
Siddhartha Gautama 563–483 v. Chr., Begründer des Buddhismus *36, 225 f*
Silesius Angelus 1624–1677 dt. Arzt, Priester *107, 231*
Sokrates 470–399 v. Chr., griech. Philosoph *36, 99 f, 150, 170 f, 184*
Sophokles 496–405 v. Chr., griech. Dichter *100, 117*
Sprenger Reinhard K. *1953 dt. Unternehmensberater, Autor, Visionär *34, 51, 98, 195, 225*
Stanhope Philip Earl of Chesterfield 1694–1773 engl. Politiker, Schriftsteller *90, 204*
Steinbeck John 1902–1968 US-Schriftsteller *233*
Stengel Casey (Charles Dillon) 1890–1975 US-Baseballspieler, Manager der Major League *108*
Sterne Laurence 1713–1768 engl. Schriftsteller *165*
Strauss Ludwig 1892–1953 dt./israel. Schriftsteller, Literaturwissenschaftler *63*
Stresemann Gustav 1878–1929 dt. Politiker, Reichskanzler *22, 126, 218*

STROMBERG ROLF *1940 dt. Manager, CEO von BP Oil *51*
SUN ZI um 500 v. Chr., chin. Feldherr, Stratege *36, 133, 226*
SUWOROW ALEXANDER WASSILJEWITSCH 1729–1800 russ. Feldherr *121*
SWIFT JONATHAN 1667–1745 ir. Erzähler, Theologe *220*
THATCHER MARGARET *1925 engl. Premierministerin *64, 92, 129, 205, 222*
THOMAS VON AQUIN um 1270 ital. Theologe und Philosoph *118, 235*
THOREAU HENRY DAVID 1817–1862 US-Philosoph, Schriftsteller *163, 218 f*
TIETZ HERMANN 1837–1907 dt. Kaufmann, Gründer von Hertie *203*
TOLKIEN JOHN RONALD REUEL 1892–1973 engl. Schriftsteller, Romanautor *203*
TOLSTOI LEW NIKOLAJEWITSCH 1828–1920 russ. Schriftsteller *90, 166, 182*
TRUFFAUT FRANÇOIS 1932–1984 frz. Regisseur *17*
TRUMAN HARRY S. 1884–1972 33. US-Präsident *84*
TUCHOLSKY KURT 1890–1935 dt. Schriftsteller *89, 165, 181, 204*
TURNER TINA *1939 US-Sängerin *207*
TWAIN MARK 1835–1910 US-Schriftsteller *29 f, 48, 63, 92, 114, 129, 145, 167, 182, 221*
TYNAN KENNETH 1927–1980 engl. Kritiker, Autor *193*
USTINOV PETER ALEXANDER 1921–2004 engl. Schriftsteller, Schauspieler *184, 206*
VAN BEETHOVEN LUDWIG 1770–1827 dt./österr. Komponist *205*
VAN GOGH VINCENT 1853–1890 niederl. Mahler *53, 227, 236*
VERGIL 70–19 v. Chr., röm. Dichter *52, 134, 171*
VERNE JULES 1828–1905 frz. Schriftsteller, früher Vertreter des Science-Fiction-Romans *62, 220*
VOLTAIRE FRANÇOIS MARIE AROUET 1694–1778 frz. Philosoph *38, 103, 134, 150, 171*
VON BISMARCK OTTO EDUARD LEOPOLD 1815–1898 erster Reichskanzler *65 f, 96, 115, 132, 169, 195*
VON BODENSTEDT FRIEDRICH 1819–1892 dt. Schriftsteller *19, 124, 217*
VON BRAUN WERNHER 1912–1977 dt./amerik. Raketenforscher *53, 207, 228*
VON BÜLOW BERNHARD 1849–1929 dt. Politiker *44*

VON DODERER HEIMITO 1896–1966 österr. Schriftsteller *110*
VON EBNER-ESCHENBACH MARIE 1830–1916 österr. Schriftstellerin *30, 49, 93, 114, 130, 168, 183, 194, 205, 234*
VON GOETHE JOHANN WOLFGANG 1742–1832 dt. Schriftsteller *25 f, 61, 88, 112, 127, 143 f, 164, 180 f, 219*
VON HABSBURG OTTO *1912 EU-Politiker, Sohn des letzten österr. Kaisers *224*
VON HEYSE PAUL JOHANN LUDWIG 1830–1914 dt. Schriftsteller, Nobelpreisträger *33, 115, 169*
VON KNIGGE ADOLPH FREIHERR 1752–1796 dt. Schriftsteller *57, 74, 137, 155*
VON LOGAU FRIEDRICH 1604–1655 schles. Dichter *19*
VON MOLTKE HELMUT KARL GRAF 1800–1891 dt. Generalfeldmarschall *126, 162*
VON SCHILLER FRIEDRICH 1759–1805 dt. Dichter, Dramatiker *19 f, 110, 200*
VON SCHMID CHRISTOPH 1768–1854 dt. kath. Priester, Jugendbuchautor (Ihr Kinderlein kommet) *79*
VON SIEMENS WERNER 1816–1892 dt. Erfinder, Gründer Siemens AG *38, 228*
WASHINGTON GEORGE 1732–1799 erster US Präsident *125*
WATSON THOMAS J. 1874–1956 US-Manager, Präsident von IBM *102*
WATZLAWICK PAUL 1921–2007 österr. Psychotherapeut, Autor *33, 97, 149, 195*
WEIZMANN CHAIM 1874–1952 israel. Politiker, Chemiker, erster israelischer Präsident *159*
WILDE OSCAR 1854–1900 ir. Schriftsteller *32, 65, 96, 132, 169, 183, 206, 223 f*
WILHELM II. 1859–1941 dt. König von Preußen, letzter deutscher Kaiser *68*
WINFREY OPRAH *1954 US-Moderatorin, Schauspielerin *205*
WOLTERSTORFF NICHOLAS *1932 US-Philosoph, Theologe *235*
WOODS EDRICK *1965 US-Profigolfer *200*
XANTHIPPE 450 v. Chr., Gattin des Philosophen Sokrates, Inbegriff der Zanksucht *152*
XERXES 519–465 v. Chr., altpersischer König des Alten Testaments *104, 134*
ZAPPA FRANK 1940–1993 US-Musiker, Komponist *17, 178*
ZHANG YU um 800 chin. Feldherr, Song-Dynastie *134*

Stichwortverzeichnis

A

Abgrund 20
Abschied 231 ff, 236
Abwechslung 60
Achtung 83, 117, 180
Adel 139
Aktie 43, 190
Aktivität 123
Altes 13, 19, 24, 36 f, 47
Alter 166
Altwerden 111
Anerkennung 99, 115
Anfang 48, 50
Anforderung 114
Angebot 23
Angestellte 202
Angst 11, 18, 131, 177
Anleihe 190
Anstrengungen 30
Antwort 88
Arbeit 46, 63, 107, 116, 171, 180, 183, 235
Ärger 181
Argument 192
Aufgabe 33, 182
Aufmerksamkeit 79, 169
Aufrichtigkeit 170

Aufstand 94
Aufstieg 134
Augenblick 19
Ausdauer 172, 182, 185
Ausschuss 82

B

Bank 45
Bankier 48
Beamte 65
Befehl 74
Befehlshaber 126
Begeisterung 31, 57, 98
Beginn 50
Beharrlichkeit 164
Beispiel 87, 102
Beistand 233
Beleidigung 87
Berlin 144
Berufsleben 170
Besitz 116
Beständigkeit 77
Bewunderung 180
Beziehung 47, 157
Bildung 98, 162
Bosheit 87
Brunnen 43

Bürde 232
Bürokratie 45, 47, 53

C
Chance 15, 27, 32, 36, 213
Charakter 73, 87, 117 f
China 194

D
Demokratie 196
Demut 108
Denken 75
Diktatur 84
Diskussion 88
Druck 17
Dummheit 104, 137
Durchhalten 27

E
Ehre 115
Ehrgeiz 25
Einfluss 77
Einheit 81
Einigkeit 28
Energie 169
Engel 231
Entdeckung 24
Entscheidung 78 f
Entschiedenheit 126
Entschlossenheit 121
Entschluss 128, 224
Erfahrung 31, 34, 44, 48, 52, 89, 113, 162, 180, 204
Erfolg 14, 18, 23, 34, 37, 76 ff, 84, 95, 102, 128, 133, 184, 189, 200
Erfolgsgeheimnis 182
Ergebnis 31
Erkenntnis 166, 170
Erziehung 156

F
Fähigkeiten 183
Faulheit 177
Fehler 23 f, 39, 74, 103 f, 158, 164, 177, 180, 185, 203, 206
Feind 32, 88, 121, 127, 131 f, 158, 176
Fest 59, 67
Fleiß 117, 177
Forschung 68
Fortschritt 17, 21, 29, 35, 37, 67, 223
Frage 79
Frau 64 f, 129, 147, 212
Freiheit 80 f, 134, 194, 213
Freude 58
Freund 24, 66, 114, 176, 234

Freundschaft 115
Friede 89, 125
Führen 74, 98
Führungskraft 103
Fundament 12
Furcht 124
Fußstapfen 17

G

Geburtstag 64, 110
Gedächtnis 147
Gedanken 226
Geduld 43, 82, 127, 205
Gefahr 17, 19, 32, 121
Gegenwart 26, 150, 157, 211, 214 ff
Gegner 24, 129
Geisteshaltung 156
Geld 13, 16, 52 f, 58, 61, 76, 81, 83, 138, 141, 143, 155, 179, 213
Gelegenheit 23, 122, 214
Genauigkeit 107
Genie 36, 107, 167
Geschmack 143
Gesellschaft 155
Gesetz 98
Gespräch 60, 155
Gesundheit 66
Gewalt 76, 129
Gewinn 88, 104, 228
Gewohnheit 32, 34
Gipfel 134
Glaube 49, 80, 138, 235
Glück 35, 137, 147, 168, 179, 185
Gnade 104
Goldene Regel 21
Grundsätze 101
Gutes 150

H

Haltung 79
Handeln 52
Handlung 77, 94
Harmonie 61
Heilmittel 17
Held 124
Heldenhaftigkeit 125
Herz 112
Hindernis 18, 31
Hoffnung 18, 38, 225
Horizont 28, 211
Hypothese 223

I

Idee 21, 25 f, 31, 35, 44, 47, 52, 57, 219, 222
Illusion 38
Innovation 22, 218

Intellekt 211
Intuition 192, 211
Ironie 175
Irrtum 13, 27

J
Journalist 194
Jugend 116, 137, 150, 166

K
Kaiser 142
Kampf 124, 127, 132
Kampfgeist 133
Karriere 99
Kind 155
Kinder 66
Klugheit 13, 113
Kollege 66
Kommunikation 170
Konferenz 35, 172
Konkurrent 132
Konsequenz 86
Körper 156
Kosten 75, 225
Kraft 90, 124, 127, 130, 169, 179
Krankheit 236
Krieg 96, 125, 130 f, 139, 215
Krise 21, 26, 58
Kritiker 193

Kühnheit 130
Kultur 76
Kunde 21, 200
Kunst 44, 141, 185, 199, 205
Künstler 166

L
Lachen 58 f, 66, 103
Laster 175
Lebensfreude 180
Lebenskunst 59
Leid 156, 236
Leidenschaft 11, 79
Leistung 80, 107
Lernen 172
Licht 16, 18
Lob 91, 99, 101, 160
Logik 160
Lohn 181
Lösung 22 f
Lüge 102

M
Macht 73, 80, 84 f, 91, 96 f, 100, 102, 140, 212
Management 51
Manager 97, 225
Mann 64 f, 67, 147
Mehrheit 20

Meinung ändern 15
Meister 166
Misserfolg 14, 23, 34, 185
Missstände 205
Mittelweg 19
Mögliches 46
Mühe 13
Mut 15, 25, 29, 35, 43, 74, 91, 93, 112, 124 f, 127, 130, 132 ff, 155, 182, 214
Mythen 192

N
Nachsicht 149
Narbe 13
Nation 76
Natur 149
Neues 13, 22, 24, 36 f, 171, 217, 222
Neugier 65, 161
Niederlage 22, 123, 181, 183, 189
Normalität 227
Not 11, 19, 33
Nutzen 92

O
Objektivität 195
Optimist 67, 116

Ordnung 204
Organisation 37

P
Pädagogik 159
Pakt 96
Perfektion 203, 206
Persönlichkeit 107
Pessimist 116
Phantasie 13, 211, 226 f
Planen 123
Politik 113
Presse 191, 194 f
Problem 11, 15, 22, 32, 36, 38, 51, 199
Produkt 202
Public Relations 193

Q
Qualität 202, 205

R
Rat 91
Rauchen 145
Rebell 121
Rechenschaftspflicht 192
Rede 63, 67, 69, 76, 101, 107, 157, 191
Reden 101, 107

Regeln 14
Regierung 84
Reichtum 179
Reise 28
Respekt 99
Revolution 27, 34, 131
Ruhe 80, 235
Ruhm 184, 203
Ruin 16

S

Schaden 50
Scheidewege 231
Scheitern 202
Schicksal 49, 109, 232
Schlacht 122, 129
Schlagfertigkeit 182
Schmerz 22, 233, 236
Schöpfung 15, 143
Schüler 166
Schwäche 78
Schwermut 180
Schwierigkeit 11, 32, 123
Sehnsucht 75
Selbstgenügsamkeit 137
Selbstkritik 170
Sicherheit 32
Sieg 19, 22, 88, 121, 123 f, 128, 131, 133, 176, 181, 183

Sklave 83
Sparmaßnahmen 87
Sparsamkeit 92
Spekulation 214
Spitzenmanager 84
Standpunkt 211
Stärke 78, 90, 114
Statistik 140
Staunen 166, 170
Sterben 233, 235
Steuer 138
Stil 161
Strategie 84, 226
Streit 171
Strenge 164
Subjektivität 195

T

Tadel 160
Talent 33, 80, 100, 132, 205
Tatsache 37
Technologie 213
Text 199
Theorie 219
Tod 11, 138, 232 ff
Toleranz 101, 165
Topmanager 192
Tradition 21
Träne 235

Trauer 235
Traum 25, 116, 220 f, 225
Treue 130
Trost 233
Tugend 109, 175

U
Übel 17
Überblick 93
Überwindung 127
Überzeugung 100
Übung 159
Unbesiegbarkeit 226
Unbeweglichkeit 21
Unentschlossenheit 94
Unmögliches 46
Unrecht 129
Unsicherheit 162
Unternehmen 58, 110, 219
Unternehmensführung 214
Unternehmer 192, 202, 218, 225
Untertan 68
Unwissenheit 164
Unzufriedenheit 206
Urlaub 60
Urteil 93

V
Veränderung 29, 37, 167
Verantwortung 57, 159
Verbindlichkeit 109
Verdienst 111
Verfall 34
Vergangenheit 26, 157, 211, 214, 226
Vergnügen 66
Verhalten 24
Verlangen 176
Verrat 155
Versagen 33
Versager 179
Verstand 12, 20, 112, 163
Versuchung 224
Vertrag 111
Vertrauen 81, 130
Verwirrung 85
Vision 177, 212, 220, 228
Vollkommenheit 201
Vorgesetzter 89, 94, 124
Vorsatz 175
Vorsicht 149
Vorteil 122
Vorurteil 194

W

Wagnis 15

Wahrheit 27, 31, 33, 102, 137, 190, 231

Wahrnehmung 12

Wahrscheinlichkeit 12

Wandel 14, 26 f, 31, 35, 53

Wechsel 13, 24

Weg 19, 23, 31, 82, 145, 200, 216, 220

Weihnachten 64

Weisheit 30, 80 f, 162, 166

Welt 12

Werbung 142, 193

Werkzeuge 16

Widerspruch 44, 48, 112

Wiederaufbau 16

Wien 142

Wille 32, 86, 114, 128, 184

Willenskraft 30

Willensstärke 16

Wirklichkeit 225

Wissen 44, 138, 140, 157, 158, 163, 165

Wissenschaft 196

Wissensdrang 168

Wort 90, 132

Wunde 13

Wunder 25, 46

Wunsch 50

Wüste 43

Z

Zeit 91, 138, 157, 212

Zeitung 195

Ziel 19, 28, 30, 82, 86, 93, 107, 108, 118, 130, 145, 169, 175, 179, 216 f, 220

Zivilcourage 122

Zufall 95, 125, 223

Zukunft 26, 157, 211, 214 ff, 226 ff

Zusammenleben 16

Zuversicht 16

Zweifel 36